U0030259

ཨོཾ་ཏཱ་རེ་ཏུཏྟཱ་རེ་ཏུ་རེ་སྭཱ་ཧཱ།

看見，心西藏

深度探訪大西藏全境之美，
分享大山大水教會我的事

孫宜君
文字・攝影

〈推薦序〉

旅遊界的聖母峰

江秀真

眞

有緣結識孫董是因爲西藏。

二〇一三年，乾媽六十歲生日，希望我能陪她去一趟西藏，雖然一九九五年與二〇〇九年前後曾登頂聖母峰，對西藏卻是陌生，更別說旅遊式的探訪。透過乾媽長年對西藏旅遊想望，做足功課，只選一六八國際旅行社。當時同團許多親友都是第一次進西藏旅遊，其中六、七十歲長者有好幾位，難免對於高海拔嚴苛環境有所疑慮！孫董精心安排行程說明會，加上帶團經驗、詳細的說明，讓大家對西藏聖地有初步了解，同時建立團員出遊的信心。旅遊首要平安、專業給人心安，才能獲得更高層次的心靈旅程，特別是離天空與神佛最近的西藏。

善

所有的行程，孫董都親自踩線、踏勘，包括人煙稀少的阿里。

二〇一四年恰好遇到馬年轉山，孫董親自領團到西藏阿里轉神山（岡仁波齊）。殊勝在於轉一圈神山，可以洗滌一生罪孽；馬年轉山則可增加一輪十二倍的功德，相當常年的十三圈，且最爲靈驗和積長功德；她也將訊息傳遞給適合前往的團員。這一年我的父親突然因病逝世，心境上未完全釋懷的江家三姊妹，透過孫董善的建議，我們都參與轉山行程。帶著父親生前的帥照片、羽毛衣、毛帽、儀軌等……頂著高原寒冷乾燥環境、空氣稀薄、氣壓造成的身體腫脹難受，當步行至海拔五七〇〇公尺佈滿風馬旗的隘口，親自爲過世的父親再次深深祝禱與送行，三姊妹當下感受心靈寄託與充滿正能量的眞實。

轉山，全程五十三公里，平均走在海拔四五〇〇公尺的山徑上，難度相當高；然而沿途讓我們佩服的是：來此朝聖者，多半是以長磕頭（趴在地上膜拜）的方式完成轉山。阿里神山，不比一般旅遊行程，吃、住與交通相當不便的狀況下，得以順利完成，令我由衷佩服孫董領團的功力。

美

一路走來，感受孫董對待團員如同家人。

二〇一六年，我們再度參團前往號稱地表最美勝地之一的香格里拉：稻城、亞丁（川西北）。參加數次一六八國際旅行社的行程，信任早已是默契；孫董帶團的要求除了平安、心安，她堅持心靈之美，是進入川、藏旅遊的最高層次。長達三十年的帶團經驗並結合身、心、靈豐富之旅；屏除走馬看花的劣質行程，不斷啓發團員們對身心靈的提升，強調一同出遊就是家人的心美態度，是旅行中最大的收穫。

此刻，帶領我們用心走進西藏聖地的孫董，終於要出書了！

《看見，心西藏》一書，是孫董帶領團隊眞實體驗、感受善念、追求心美的過程。書中，可見她眞心盡力地爲團員們打造圓夢旅程，一位領導者能抱持以終爲始的積極態度，克服無數困境，不改其志的帶領團隊勇往直前，追求眞、善、美境界，堪稱旅遊界的聖母峰！

期冀更多有緣人透過孫董的書，一起認識心西藏。

◎本文作者爲第一位華人女性完攀世界七頂峰二次登頂聖母峰 Mt.Everest

〈推薦序〉

成為雪域女王之後

呂若潔

時間點要先拉回我認識孫董的二〇一五年，當時的我完全不知道認識孫董會影響我一輩子。

那時候，我還在非凡新聞台擔任兼職主播，假日負責新聞播報，平日主要製作一些財經專題新聞。就在一個財經市場相當平淡的週間，我突然接到一個非常跳tone的報導任務——主管希望我能製作一則關於「西藏神女湖——拉姆納措」的介紹報導，而且要一週內在台北辦公室完成。

這對我來說，實在是一個挑戰。於是當時我打遍台灣各大旅行社公關的電話，請他們立刻幫我約專門走西藏線的資深導遊，進行訪談。當時我眞的是訪遍全台知名的西藏線導遊，有些人去了西藏數十次，有些人出了好幾本旅遊書，但幾番努力之下，居然沒有任何導遊領隊到過西藏神女湖！

就在我已經彈盡援絕，快要和主管回報放棄這個專題時，網路上再一次最後搜尋，「一六八旅行社」突然跳入我眼中，我不抱希望地打了一通電話，和一六八旅行社總機小姐詢問：「您好，我這邊是非凡新聞台，想要採訪西藏旅遊，請問你們有導遊到過神女湖嗎？」於是就這樣，電話轉到了孫董手中……孫董不但親自到過神女湖，還清清楚楚知道神女湖的典故，甚至幫我在茫茫的網路世界當中，迅速找出神女湖的紀錄影片，就這樣如此神奇的，一則神女湖專題，搭起我和孫董的緣分。

見微知著，從如此人煙罕至的神女湖，孫董都可以娓娓道來，不難看出孫董曾經跋涉多少西藏的千山萬水，這背後的準備功夫，不是常人所能想像。

兩年後，因緣際會孫董同意帶上我成爲旅伴，和她走上一次西藏踩線之旅。那次和孫董一起踩線，每一天孫董都用她超人般的體力，踩了將近十個點，而且很多都是車子到不了、需要徒步才能抵達的人間絕景。我們每天一早出門，常常是半夜才回到飯店。十一天的旅程過去，我差不多已經累癱了，但沒想到孫董跟我說，讓我先回台北，她還有三十天的行程要走，還有稻城、亞丁等地，完成更多踩線的工作！

我親身經歷這些雪域絕景，孫董一步一腳印、親自去踩點後，才呈現給一六八旅行社的貴賓。這個時候我就非常佩服孫董，因爲就我所知，不是每一位旅行社的老闆，都會像這樣親自幫客人走過每一步路。孫董成爲雪域女王之前，是數十年的累積，才有如今豐碩的成果；成爲雪域女王之後，孫董依舊投入無比的心力，把關每一個細節。身爲一個旁觀者，我想旅遊之於孫董，不只是一個事業，更是一個志業！她也把旅遊這件事情，提升到另一個「結善緣」的層次，幫助更多貴賓圓夢。

這本書是孫董爲自己設立的一個里程碑，也是她獻給所有對於西藏旅遊有興趣的讀者的一份大禮。我相信這應該是旅遊市場上，關於西藏，目前最具權威性的一本鉅作。也恭喜孫董終於一字一字的親自寫完本書，將它獻給有緣的您。

◎本文作者爲前非凡新聞台「跟著行家去旅行」、「財經八點檔」主持人
現爲丹之寶藝術創辦人

〈推薦序〉

一道充滿愛與溫暖的光

眭澔平

每個人都在心裡藏有一個夢，終其一生嚮往追求實現。孫堇的夢就是聚焦在世界屋脊喜馬拉雅的藏鄉雪域，她不但爲自己築夢，更帶著大家一起圓夢。

我看到她多年來不但全心全力投入在這片藏區廣闊壯麗的土地上，最可貴的是她把傳統觀光旅行的經歷見聞提升到了心靈豐美分享的心靈哲理境界。特別讓我感到溫暖振奮的是：她在忙碌的旅遊事業掌舵開拓並服務人群的同時，還能夠用心於不間斷地記錄寫作，進而讓我在她的著作裡面清晰地看到了「一道光」，一道深達人們心靈深處的光。

之所以有一道光，就是因爲孫堇透過這本新書力作正幫助所有還有夢想的朋友們，一起像無敵光束般突破生理和心理的屏蔽障礙，勇敢開啓通往香格里拉的心靈之鑰。就這樣，她帶領著愈來愈多的朋友們逐步克服意志與體能上的障礙；尤其難能可貴的是，她就是經由一個又一個大衆化的旅遊團隊，在邁向喜馬拉雅的旅途中從生活點滴裡體會，也在一步一腳印的旅遊行腳中，潛移默化地悄悄開啓每一個人內心其實共同具有的強大正能量與心靈洪荒之力，一同在世界屋脊的雪域高原上勇於逐夢、勇敢挑戰、勇往直前！

在孫董的新書裡有一段故事當我讀到萬分震撼。因爲那則文字竟然跟我爲了自己癱瘓二十四年的母親過世後，三十年環遊世界旅行一萬天去代替媽媽的雙眼看完全世界一樣觸動人心的巧合。這段故事也跟我剛剛完成的紀錄長片電影，得到第五十八屆亞太影展最佳國際觀摩片的《勇往直潛》其中主軸故事相互呼應，甚至機緣巧合到令人嘖嘖稱奇、不可思議。

原來，孫董和我在陽光的外表下，共同擁有一顆柔軟的心，所以當我歷經那麼一段辛酸艱困的童年，如同孫董曾歷經人生跌宕起伏與艱辛的創業過程，卻始終保有莫忘初衷的那一份眞誠分享的愛。

回顧那年颱風加上八七水災的洪澇，讓懷著我七個月身孕的哇媽媽過度辛勞，導致在生下我的時候癱瘓了。一個稚嫩的新生兒，正是需要媽媽全心全意照顧的時候，媽媽卻只能躺在床上，眼睜睜的看著而無能爲力，那份心中的焦急和無奈，是外人所無法領會的。

孫董就在完全不知我的成長情況下，竟然極爲巧合地也經常在她的講座中分享，特別是有一位因爲生了小孩就癱瘓的輪椅媽媽，終其一生把她能夠親眼目睹布達拉宮當成是畢生最大心願的故事。孫董原本基於旅遊行業的專業判斷，應該拒絕行動不便或身心障礙的人士，以免在團隊旅遊行進中影響到大家的進度。可是，當孫董心裡的那道光投射出來，完全了解這位輪椅母親的心願背景，她像個善良可愛的天使，幫助這位媽媽完成實現了人生嚮往追求最大的夢想心願。

一位是在母親的立場想為孩子去圓夢此生無憾、一位是以孩子的立場想為母親去圓夢而成就旅行探險大業，在在都讓讀者動容，也激發大家想到：連原本不屬於人生健康勝利組的他們都能做到，那比他們幸運順利的人更應該做到，實現更多更大，而且利他、分享愛與溫暖的夢想。

這本孫董的新書，就是貫穿著這麼一道充滿愛與溫暖的光。

◎本文作者眭澔平博士，曾榮獲金鐘獎、金曲獎、文學獎，並擔任過金馬獎主持人與電視記者主播，熱愛旅行、探險，走過世界超過兩百個國家，授頒為當代徐霞客，為世界文化探險旅行家。

〈緣起〉

深入探訪三六〇度大西藏全境之美，分享大山大水教會我的事

從事旅遊業三十一年的生命職涯中，曾歷經年少登峰得意，也曾跌宕低谷迷失，直至十六年前，開始走進喜馬拉雅大山，在青藏高原的旅行途中，猶如窺見西方的魔法水晶球般，觀照了自己的人生，也在神山聖湖的滌淨下，尋回重生後的自己，更找到生命旅程的意義，期許自己能成爲眞正的「格桑卓瑪」——「格桑」是在高原盛開的野花，疾風勁颳吹不倒，外表看似柔弱，卻喜迎驕陽，是一種有著最堅強靈魂的花兒，藏族人更視它爲帶來幸福、吉祥聖潔的心中之花。

也因從事旅遊業的關係，讓我有許多機會，能在旅程中接觸並看見許多人對夢想的追求與堅持，突破各種障礙與防線，勇敢逐夢；卻也看見更多的人緊緊守護著安全的人生，直到生命吹哨，才奮力與時間賽跑，想拚命追回最初的夢想。

讓愛與幸福繼續發光

出版這本書的意義，是一次人生的心靈轉山，也在於分享這數十年進出藏區——百餘趟領團、考察、深入三六〇度大西藏（昌都、林芝、拉薩、山南、日喀則、那曲、阿里）七大區天堂祕境，更遍訪川滇青藏——大香格里拉與快樂王國「不丹」的遊歷見聞，以及大山教會我的事！

同時也讓自己再次慢格回放人生，細細品味其中美好，而非匆匆一世般的浮光掠影。願將途中所領悟的心經驗、心成長，重新整理成幸福密碼，企盼藉由此書，讓所有對人生懷抱夢想並且嚮往雪域高原大山、既期待又怕受傷害的朋友們，希望能將大山所學，回饋有緣，幫大家突破「心」障礙，開啓前所未有的「心」視野，順利找到通往「心香格里拉」的幸福密碼，親自擁抱、觸摸天堂！

在此感謝我生命中所有的「光」，是你們給予我力量、智慧、勇氣，讓愛的幸福密碼《看見，心西藏》一書能入世，讓愛與幸福可以繼續發光！

感謝我的生命導師及偶像——登頂珠峰女傑江秀眞，是您讓我知道，生命不僅自足，還有更多需要無私奉獻的愛與責任。

謝謝西藏旅遊局王松平局長過往曾博學的指導，猶如醍醐灌溉。

更感謝西藏台辦張部長——蓉姊姊，謝謝您賜贈結緣的「文殊普薩」唐卡，對我日夜佛光普照，總能在書寫陷入混沌中找到光明；更感激您一路上的教誨、指導與幫助，讓宜君有幸能將天上西藏的大美、豐盛寶藏集結成書與大家分享。

還有所有支持我的好友、親人、貴賓寶貝與一六八旅行社天使團隊，你們一路的愛相隨，全力支持，眞心感謝你們！有一天我會老、會離去，但我的靈魂將永遠存在。這是我獻給你們通往香格里拉幸福之門的鑰匙，你不來~我便不走！我會在香格里拉等你們，一起擁抱幸福！

格桑卓瑪・孫宜君

目錄

CONTENTS

本書為保護當事人，文中提及的人名、經歷將有情節上之調整改編，如有雷同，純屬巧合。

STATION 01

雪山精靈「米堆冰川」

這一生，一定要在秋天，到一次西藏。
一定要在西藏，等一次秋天！

最好不相見，如此便可不相戀。
最好不相知，如此便可不相思。
最好不相愛，如此便可不相棄。
但曾相見便相知，相見何如不見時。
安得與君相訣絕，免教生死作相思。

——六世達賴喇嘛 倉央嘉措

還記得第一次見妳，就已怦然心動；妳的清麗脫俗與世無爭，讓我傾心。

站在山坡上，望著妳全身散透著冰清的仙氣，卻不失讓人沉醉的柔美；再次見妳，已輪轉春秋，妳又換上一襲彩衣，連陽神都抗拒不了妳的誘惑，像是爲妳歡呼喝采，金光撒下將妳晶瑩剔透的身軀臉龐，照耀得更加閃閃動人，也溫暖了森林裡的萬籟生靈，看著月光寶鏡湖面中的妳，我走不動了！

這世上一個妳就已讓人醉，再一個妳那足以令人迷，從此以後，我放下過天地，卻從未放下過你。若有來世，我願化作妳眼前的湖泊，與妳朝夕相伴，一起輪迴每一個春夏秋冬！妳是我心中最美的公主——雪山精靈「米堆冰川」。

這次我應許自己如期赴約，重回妳的身邊。一走進家門，雙眼就已被那五彩繽紛、濃

（上）從米堆村出發，步行約 2 公里來到冰川腳下的冰湖，近觀湖水倒映著雪山，景色非常壯觀綺麗。

（下）米堆村馬幫，遊客可依自身體能選擇徒步，或可在此租馬，前往冰湖觀景台。從米堆村走上冰川到沿途遊玩，往返大約需 3 小時。

烈多姿、美如畫境的山谷森林給迷醉得不知方向了。若不是妳雪白身影閃著耀眼光芒爲我帶路，相信我早已隱身在這桃花源之中，繼續跟隨妳的引領前行。一路美景，秋意正濃，放肆地炫耀著金黃的光，穿過層林盡染的森林，怎麼走都是絕美的景色。

這裡是神仙的花園，冰川隨處可見，晶瑩閃爍的絕壁，四周山花爛漫，如入仙境。終於與妳再次深情相擁，這如夢似幻般的冰雪奇緣，雪山和雲霧交織，姿色令人迷醉。魔鏡般的清澈倒影，金燦燦的樹木與雪山映照在如鏡的湖水中，晶瑩、幽藍、純淨，將眞實與夢境交融在一起。犛牛在冰川下悠閒漫步，如詩如畫，讓人融化在山光水色之中，戀戀不捨！

（左）阿媽啦正在熱酥油茶，一杯暖茶卻傳遞了最深的藏情。
（右）春天是萬籟復甦的季節，很容易見到剛出生的小牛犢向人撒嬌。

走進藏寨感受最質樸的熱情

離開冰川，樹下小溪靜靜地流淌。走過寧靜的米堆村，風馬旗隨風飄揚，藏寨悠然，雪峰聳立，田園牧歌，這裡沒有世俗的喧囂，有的盡是世外桃源般的靜謐和恬然。漫步在雪山森林，徜徉在與世無爭的寧靜世界，感覺一切都靜止下來。瞧見路上一隻剛出生三天的小牛犢，把頭埋在藏族阿媽啦的懷裡撒著嬌，這一幕瞬間讓我的心融化了。我滿眼欣喜地上前表明著想摸牛寶寶，阿媽啦（藏族稱呼老婦「阿媽」。稱謂後加一個「啦」是代表對這位藏族人懷有崇高敬意）對我點點頭，我開心的把牛寶寶抱個滿懷，充當一下山寨牛媽媽，覺得自己好幸福啊！

一會兒，阿媽啦向我招招手，示意去他們家裡坐坐，我開心得像中彩蛋一樣，起身跟著進去。屋內好小好暗，掛著各式各樣藏族的鍋碗瓢盆，還有幾幅唐卡佛像，我試著跟阿媽啦聊天，問她家裡有多少人？都去哪兒了？阿媽啦好像聽得懂一點漢語，但不是很會講；因此聽不懂時就傻笑，懂得時就說一點加手語表達。

阿媽啦說家裡有三個男孩跟老公，他們都去米堆冰川山上採

蟲草了，還請我坐在他們的「三廳」——因爲一廳三用，這裡是客廳，也是廚房和臥室。一家五口就住在這小木屋裡，光三個人進來就很擁擠了。屋內昏暗又點著藏香，僅靠著木窗外一縷陽光照進屋內，便是所有光的來源了。阿媽啦拿起酥油茶請我喝，在西藏只要有機會，就要多喝點當地人家裡自己打的酥油茶或甜茶，除了味道濃醇香，還能有效緩解高原反應，功效特別好。

比蟲草更可貴的人間善美

阿媽啦看我喝了露出滿意的微笑，便轉身蹲在地上開始忙自己的活。我起身看她手上拿著一把牙刷，正來回刷著另一手握著黑黑的東西，刷完便把手中的東西一條一條地放在桌上。但木屋裡好暗，我眞的看不清那是什麼東西，於是伸手拿起一條近距離觀看，立馬嚇得我往後彈跳、手裡的「蟲草」也被拋飛在地。驚魂未定的我深吸一口氣，勇敢上前將它撿起來，並跟阿媽啦道歉。

（左）每年五、六月米堆冰川盛產冬蟲夏草，阿媽啦將剛採下來的蟲草刷乾淨放在桌上。

（右）這是較早藏村屋內標準的一房三廳陳設，麻雀雖小，五臟俱全。

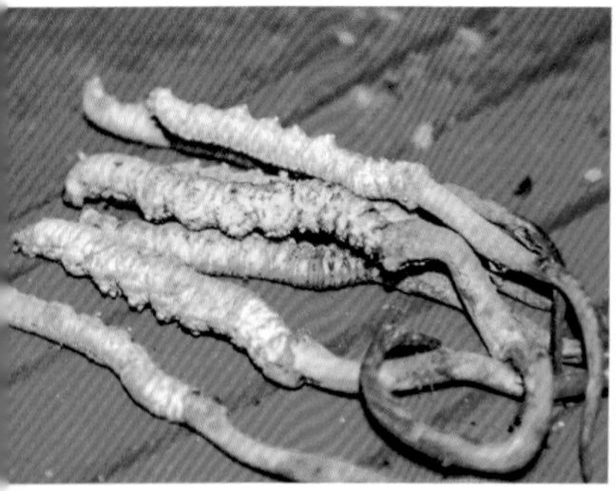

意外撞見傳說中非常珍貴的黃金之草「冬蟲夏草」，我請阿媽啦原諒我這城市土包子，阿媽啦只是笑笑地接過蟲草。這個猶如神的祕密花園米堆村蟲草資源較為豐富，我好奇地問阿媽啦，這黃金之草多少錢？阿媽啦立刻搖頭說已有人買下了。我不死心又說，我出更高價格跟您買好嗎？

常聽人說市面上販售的蟲草多數是假的，用樹枝僞裝的都有……這可是我長這麼大、第一次看見藏族剛採回來的蟲草，還在我面前刷掉泥巴土壤後，才會出現蟲體的樣子，絕對是難能可貴的眞蟲草，心想可以買一些回去給家裡長輩補身。

沒想到阿媽啦卻說不可以賣。我問她爲什麼，她說：「答應人家了，這就是人家的了。」我還以爲她聽不明白意思，再用手比更多錢跟她溝通溝通。阿媽啦仍舊笑笑地說：「不可以。」

感謝阿媽啦的堅持，是她讓我看見大山裡還保有著人間最可貴的情操，藏族人依舊如此信守承諾；在這裡，人與人之間沒有利益與出賣，人與大自然和諧共處，讓我對藏族人的單純質樸、樂天知命格外感動。這裡是美麗的烏托邦，化外之境，世外桃源，眞正的天上人間！

西藏印象 *Tibet Impression*

米堆冰川的景致神奇迷人，也是世界上海拔最低的冰川，被《中國國家地理》評爲中國最美的六大冰川之一。主峰海拔六八〇〇公尺，雪線海拔只有四六〇〇公尺，末端海拔二四〇〇公尺壯觀的雪山，長年閃耀著銀色的光芒。這裡有長年不離的磐羊、猴子等野生動物。徒步至冰舌約三公里，往返需三小時，建議攜帶登山杖，穿登山鞋，量力而爲；若體力不足，也可跟村裡藏民租借馬匹，上下馬請注意安全。

STATION 02

走進童話世界「然烏湖」

生命的精彩若不是現在，
將更待何時?!

只因在風中多看了妳一眼，從此再也未曾忘掉妳的容顏。

妳是如此冷豔深邃、妖嬈誘人，渾身散透著神祕夢幻，彷彿深藏著千古之謎的女神，連空氣中都瀰漫著妳散出的冰清幻美之氣，讓我身魂已隨妳而飛、無法抗拒。

再一眼，妳卻已悄然入夢，就像是童話裡的睡美人，睡得如此香甜、寧靜、美麗，但願能與妳一起醉入夢鄉，化爲王子與妳相伴，讓我們的愛情故事，永遠不會再改變。想妳時妳在天邊，想妳時妳在眼前，妳是我心中最美、謎樣般的千面女郎——然烏湖。

春天的然烏湖，就像美人如夢初醒般，陽光撒在好似璀璨綠松石的湖面上，雪山白雲倒映其間，湖畔點綴著牧民人家，四處開滿了粉

然烏湖位於西藏昌都八宿縣然烏鎮，是西藏藏東地區最大的湖泊，面積約 22 平方千米，形狀是一個長條形，長約 19 公里，湖水清澈美麗，以藍為名，周邊雪山、青山林立，隨著四季山色的不同，也各有千秋。

色杜鵑與滿眼金黃的青稞花海，一片生機蓬勃的景象；牛羊漫步啖草、聞著花香，享受這春神所賜予的盛美——這也是能看見如花仙子般美麗的然烏湖，最充滿魅力的季節！

幸運的我，曾遇見然烏湖四季變化的萬千風情——春天熱情浪漫，秋天妖嬈多姿，冬天夢幻迷離，都讓我傾心不已。尤其入秋之際，湖畔山嶽色彩斑斕；秋冬時節薄霧瀰漫，如鏡一般的湖水與白雪皚皚的山峰相映成景，美得令人屏息。

帶著團員們親近這面幻彩迷離的湖泊，無牽無掛地徜徉在藍天之下，超然於雪山冰川之中，然烏湖就這樣溫婉靜躺在大山的環抱裡，脫俗得彷彿不屬於塵世，不食人間煙火，是世間難覓的原始之美。許多團員都被眼前如天堂般的仙境所震撼，感動不已，一起沉醉在這如夢般的高原幸福美景之中。

然烏湖畔的村民還保持著純淨質樸，遇見遊客時，多數還是非常友好歡喜靦腆。

緊緊抓住夢想，如期赴約！

就在此時，我看見團員陳大哥獨自一人愁容滿面地站在湖邊，心事重重地望著母親——陳媽媽跟大家在湖邊堆瑪尼石、一起比各種姿勢拍照，媽媽天天開心，兒子天天憂傷滿面，她跟陳大哥完全不同，兩人反差很大，格外引起我的好奇與擔心。

到了傍晚，陳大哥說不舒服，我請醫師幫他看診。醫生說他有感冒、發燒症狀，建議明天休息觀察治療，需取消一天行程。陳大哥聽了不答應，表明非得跟媽媽同遊。我說不行，把身體調好了才能繼續行程。不料陳大哥忽然對著我流下男兒淚……天啊！「高原反應」不至於哭吧，我有點嚇到。

陳大哥接著說：「我不是自己想玩，是擔心我媽！」

「她玩得很好，你擔心什麼呢？況且我們會照顧好她。」

陳大哥回我：「我能不擔心嗎？這次是我媽『生命倒數計時的圓夢之旅』！我媽七十多歲了，全世界幾乎都已經玩遍……西藏是她此生最嚮往的夢中天堂，但因為害怕，所以把旅行計畫放在環遊世界的最後一站。」

「那現在不是來了，很好啊，為何你要說是倒數計時之旅呢？」

結果陳大哥說：「我媽的生命……剩不到兩個月時間了！」

我聽了很震驚，不相信地問陳大哥：「怎麼可能！來西藏要醫院的健康證明，你們不是都有提交，也通過檢查了，怎麼會這樣呢？還有這幾天看陳媽媽狀況真的很好，玩得很開心，完全看不出來啊……會不會是誤診？」

陳大哥說健檢是較早之前做的，而陳媽媽在出發大約一週之前，才突然說她很不舒服，於是到醫院做進一步檢查，沒想到在出發前三天接到醫生的電話，說明陳媽媽可能罹患惡性腫瘤，最多剩兩個月時間，也告訴她普通的健檢是不太能檢查出癌細胞的。

我憂慮地問陳大哥：「為何陳媽媽的情況這麼嚴重，你們怎麼可以出發前隱瞞不跟我們說，又不取消行程，這樣是很危險的……我們都不知情，臨時發生狀況怎麼辦呢？」

陳大哥說：「我何嘗不想取消行程，我們全家得知這消息時早已泣不成聲，誰還有心情出來旅遊……繼續走這趟旅程是因為我媽堅持的，並且還全力阻止我們取消行程。」

「發生這樣的事，你們不是更應該勸陳媽媽要好好把握最後跟家人相聚的時光嗎？」

「當然有，我們全家都哭求要媽媽放棄旅程，留下來接受治療，說不定有轉機，結果媽媽很堅持地告訴我們，她不要再等了……她還說就是因爲害怕，所以把自己最重要的夢想放在旅行清單最後，卻沒想到人生無常，夢想隨時會幻滅，若選擇待在台灣，躺在病房兩個月化療救治，她的生命未必會有奇蹟。但她說自己內心可以肯定的是，只要出發，她將有機會能夠完成今生的心願！媽媽還說：她看不見、也不知道到底有沒有來世，但她清楚知道自己現在唯一能做的，就是緊緊抓住眼前，在這一世，用她最後有限的時間如期赴約，去完成此生最重要的夢想——西藏之旅，好讓自己此生能夠無憾，笑著離開。」

生命如風，即便短暫，也要讓每個瞬間耀眼燦爛，不虛此行！

當下換我淚流不止了。一來是心裡很難過，眞的不願相信一路滿臉慈祥笑容的陳媽媽，其實是在盡情享受著每一刻生命最後的歡樂時光，也終於知道陳大哥爲何一路愁容，而陳媽媽的表現卻超乎常人的勇敢與堅強，發生這樣的事，沒有被擊潰難過倒下，反而能升起如此巨大勇氣，在她人生倒數計時的最後時光，卻仍然決定要歡喜地擁抱夢想，非常令人感佩！

而經歷此事，也促使我人生觀變得更加積極，再也不想有太多的虛耗藉口跟等待。因爲無常，總是猝不及防地突襲著人生，更不應該再讓太多的「因爲」或「所以」，耽誤了自己今生的「夢想」與「遠方」；生命的精彩若不是現在，那將更待何時?!

最後在大家齊心協力之下，終於幫陳媽媽完成心願，帶她成功登上世界之巔的前哨站——珠峰大本營，而珠峰女神彷彿心有靈犀般，知道陳媽媽爲了見祂這一面，已用盡生命最後餘力，不顧一切地遠行萬里趕來看祂，而女神也盡顯聖母慈愛光輝，將她緊緊擁入懷中，溫暖她如夏花般驚鴻、卻絢爛無悔的人生。看著陳媽媽在珠峰上歡喜圓夢後，心滿意足的笑臉，深深銘印我心。那是我見過最幸福的容顏了。

更神奇的是在回國之後，一切善好能量仍在悄悄持續發酵中……陳大哥打電話告訴我：「媽媽的病況有進展，癌細胞似乎受到控制有變小。」連主治醫生都覺得不可思議，說是醫學奇蹟，大家都歡欣不已。

我想這一切可能是喜獲珠峰女神與佛國眾神的加持護佑，也可能是源於陳媽媽大智大慧，一路旅程上心無罣礙，心理影響生理，所以讓身體的好細胞增強，打贏了壞細胞吧。無論究竟爲何，都衷心盼望陳媽媽能平安康復。更期許自己，生命如風，稍縱即逝，一路春光，一路荊棘，即便短暫，也要讓每個瞬間耀眼燦爛，才不虛此行。

然烏湖的湖邊是一大片碧草如茵的草地，和着碧藍的湖水、白雪皚皚的雪峰，構成一幅如詩如夢的畫卷。讓人如癡如醉，彷彿走進童話故事之中的夢幻之境。

STATION

03

夢回冰河世紀「來古冰川」

世界上沒有不幸福的人，
只有不肯快樂的心

你爲愛從千萬光年之外遙遠的遙遠走來，任憑天賦、在天地畫起了結界；
你用無窮法力來保護你的王國不被侵擾，你造了世人所嚮往的琉璃仙境，
那裡沒有煩惱喧囂，只有悠然歲月靜好，時間在你的羽翼下悄然靜止了。
水晶王座上的你，是如此的輝煌光芒耀眼，任誰也無法抗拒你的英俊智德；
看著你清澈目光，如同給了我心的方向，讓我不再貪戀裹著糖衣的風景。
你讓迷路的人不再恐懼，帶我走到很遠的天堂，更撫平無數脆弱的心靈；
你用純淨懷抱世界，你是世人最崇愛的水晶國王「來古冰川」。
若有輪迴，我願踏遍千山萬水，化爲你座前的瓊漿玉液，爲你滌塵清心，
分憂解勞！

終於又帶著我的靈魂回到大山呼吸，去尋回久違的自由，就這樣往路的盡頭開去，翻越色季拉山，天地遼闊，杳無人跡，塵囂盡遠，隨著風行，一恍眼卻撞進了天堂。隨著那來自遠古的風和著呼吸的節奏，看著眼前的景色，讓我心跳加速，有一種莫名的感動，和我的靈魂如此地貼近。

眼前冰晶瑰珀、靜如琉璃的「遠古冰川」靜靜流淌，有種遺世獨立的美感，創世紀般的天地渾沌初開，蒼涼、壯闊、震撼！而冰川身後的雪山巍然、

來古冰川，是西藏已知的面積最大和最寬的冰川。來古村的藏語意思是隱藏著的、世外桃源般的村落。來古村掩映在四周連綿起伏的群山的綠色蒼穹之中，似乎被大自然有意所隱藏，因而得名。

聖潔，牛羊漫步在山坡上，桑煙、佛塔、草甸、雪峰、雲天、美麗的來古村點綴其間。置身在這恍如夢境的天地之間，讓我的心找到久違的寧靜安詳，更讓我桎梏的靈魂修復潤澤，瞬間覺得人生完整了。

領著團員走進剛轉場入秋的來古村。「來古」意指世外桃源，隱藏在雪山深處，近乎與世隔絕，被冰川簇擁環抱的原始藏寨，過著半農半牧的生活。來古冰川緊緊圍繞著村莊，大家很有默契、靜靜行走在冰川邊緣，彷彿回到遠古的冰河時代，一座白塔與雪山隔湖遙望；雪峰下兩個冰磧湖緊緊相連，一個藍色海子、一個綠色海子和一個白色的冰湖。湖裡大大小小的冰山參差危聳，透出幽幽藍光，恍若置身地球南極。

面對如此洪荒美景、魔幻般的聖境，即使坐在湖邊放空都是享受，靜謐得像是可以聽見心跳，感覺正眼睜睜看著自己的靈魂出竅，與天堂凝結在這一刻最美的時空中，「來古一日，世上千年」，心已留下。

置身如此美景，再不捨離開，也得趁上車前幫大家拍個團照留念，卻瞧見鏡頭裡的小莉出鏡了——「小莉，跟大家靠在一起，這樣才照得到妳。」當大家緊緊相依、歡喜開心的入鏡時，小莉始終跟大家相隔一個人身的距離，手裡永遠抓著一袋白色的塑膠袋，表情木然。

「OK，很棒！寶貝們拍好囉，準備上車，去吃晚餐。」

來古冰川為一組六大冰川群的統稱，包括美西、亞隆、若驕、東嘎、雄加和牛馬冰川，是世界三大冰川之一。

想吃「五種白色東西」的女孩

小莉二十七歲，很秀氣的女生一個人出遊，旅程中沒見過她自拍或請團員幫她拍照。我猜她可能是害羞、怕麻煩別人，所以趁拍團照時邀她入鏡，也好留個紀念。

抵達餐廳，菜都上了，大夥都在用餐，卻獨獨不見小莉。我四處找她，沒想到她卻一個人站在餐廳外發呆。我問小莉：「妳不舒服嗎？爲何不進去用餐？」

沒想到她回我說：「那些菜看起來『都不是我要的顏色，我沒辦法吃』。」

我問小莉：「那您想吃什麼？」

小莉說：「我想要吃『五種白色的東西』。」

我心想，怎麼會臨時提出這樣奇怪的需求？而且餐廳也不見得有準備，實在讓人有點爲難。

我便問小莉：「那請您說一下心裡到底想吃哪五種白色的食物，我才能盡量幫忙安排看看。」

小莉卻回答說：「我也不知道。」天啊！自己出的題目，卻說不出答案?!

我只好請她先進餐廳，並讓廚房盡量準備；也因爲她吃的跟大家不同，所以設想另外安排她獨自用餐比較自在。沒想到她卻開始把一路手中緊握的塑膠袋打開了，從裡面拿出了消毒水跟紙巾在餐桌上來回的擦拭，最後蹲下身連椅背、椅腳、都在擦……眼見此狀，我壓抑了心中的驚訝與不思議的情緒，但表面上我還是保持著淡定不驚，就是爲免任何神色言語會觸動小莉多慮而心裡不舒服。隨後上菜了，廚房幫她準備了豆腐、馬鈴薯、大白菜、蛋花湯和白飯，她卻沒動筷子。

我便問小莉：「您怎麼不吃呢？我知道菜色選擇不多，但這已是請廚師盡力協助安排依您所指定想要吃的五種白色食材幫您特別做出來了，尤其現在已經很晚了，臨時不可能有其他備菜能安排，您先將就吃點，不然沒體力也不行。」

結果，她還是搖頭向我表示不想吃，這下我心裡眞的有點急了，我跟小莉說：「小莉呀，這是妳指定要吃的『五種白色食物』，廚房已為妳盡心準備出來了，結果妳又不吃，這樣會浪費食物不好喔。出遊不比在家，但求有吃就好，不能在吃上面過度執著要求，妳這樣不放下，最後辛苦的是自己，妳還是多少吃一些。」勸完小莉後，我便去關心其他桌團員們的上菜與用餐狀況。就這樣直到離開餐廳、返回飯店前，小莉還是沒吃半樣東西。

由於小莉一個人睡，我擔心她沒吃東西沒體力，便去敲她的房門，並帶來自認為的「白色食物」給她。

我敲著小莉房門輕聲喚著：「小莉，是我，幫我開一下門。」沒想到，門一打開，便是一陣濃濃刺鼻的消毒藥水味飄散出來。

「我可以進去嗎？」小莉點點頭。我一走進去，只見床單被掀開，彈簧床都裸露出來了，旁邊還放著她自備的「睡袋」，眼見浴室、房間到處都散落著她擦拭過的紙巾，我問：「妳連床都消毒嗎？」她又點了點頭。

「妳這樣不累嗎？」不料她卻回道：「很累。」

我說：「那就別擦了呀！」

小莉卻回說：「沒有辦法不擦。」

我再問：「不消毒會怎樣？」

小莉說：「我會覺得被細菌吞蝕淹沒，很痛苦。」

我心想……這難道是傳說中的潔癖嗎？我身邊眞的從未遇過這樣的人，沿途坐臥到處

來古村目前只住著七十多戶人家，至今還保持著最為原汁原味半農半牧型的藏族村莊風光，
牛羊漫步，歲月靜好，在此感受最美的寧靜時光。

消毒，就像是想把自己關鎖在無菌室中，我覺得消毒水都已經快把她靈魂中的益菌也給一併侵滅了。看著小莉這樣的行為，不僅讓自己生活得很辛苦，可能人際關係都會連帶發生嚴重問題，也頗為她心疼。

我跟小莉說：「妳別消毒了，休息一下吧。我剛剛上來在外面攤子上看到香蕉，特別買來給妳，外黃內白營養好吃，妳吃一點，不然沒體力。也順道問她：妳用餐喜好特殊，自己有沒有帶喜歡的東西來吃？」

小莉回說：「只有餅乾跟泡麵。」

我跟小莉說：「光吃餅乾這樣營養不夠，會沒體力的。妳吃點水果，香蕉有熱量有糖分，要乖乖吃喔！」這次香蕉好像很對她的味口，她向我點頭了。我便安心道晚安回房去了。

生命遇見抓不住的溫柔，觸動「消毒人生」

小莉的特異獨行，團員們也漸漸跟她疏離，彼此都不太交流、說話了。

直到這一天布達拉宮參訪完集合時，小莉又不見了！我跟導遊分頭找人，導遊立刻回奔布達拉宮，爬了一百八十七個階梯到白宮四處尋找，我也在布達拉宮下面四處搜尋著，全團就這樣在下面等她等了將近一個小時。

後來導遊打電話給我說找到人了，說她一個人站在角落、抬頭望著布達拉宮發呆，此時團員們就像煮滾的開水般，心裡的怒氣再也抑制不住——當小莉一上車，大家便開始責難她，怎麼可以這樣耽誤所有人的時間，讓全團等她一人氣憤難平，我趕緊出聲緩頰、安撫衆人情緒，我說小莉她應該是迷路了，請大家原諒。我邊說邊看了小莉一眼，只見她望著窗外，眼眶紅了卻始終不語。

未免再發生這樣的事，晚上我去她房裡，想私下跟她好好談一下。她這樣弄得人仰馬翻，讓我跟導遊滿場找人，累得都要高反了！也把其他團友氣壞了，這樣旅遊氣氛會被她影響變得很不好。

進了房我開口問說：「小莉，妳今天怎麼了？為什麼沒跟大家一起準時集合？」我原本以爲她會回答我迷路了，沒想到她卻回我說：「因爲我不想離開。」我驚訝地問著小莉：「我不懂？什麼叫做不想離開？」

她回我說：自己也不知道原因，當望著布達拉宮時心裡就產生不想離開的感覺，自己也控制不了。我聽了實在好氣又好笑。好氣的是，她怎麼會這麼自私；好笑的是，她怎麼會這麼坦白不說謊。哪怕是說我迷路了，我相信任何人都比較能接受這個理由。

我對她的行爲眞的深感不解，「妳以前有跟過團出國嗎？」她回答沒有，這是第一次出國。

我再問：「爲什麼第一次出國會想選擇到西藏呢？」

沒想到她瞬間崩潰大哭，把我嚇壞了，趕緊安慰她：「是不是受到什麼委屈，說出來我們一起解決好嗎？要加油，妳並不孤單喔。」

小莉一邊啜泣，一邊說：「我是來西藏醫病的。」

我一聽很擔心是什麼重症，「妳生了什麼病嗎？」

她娓娓道出自己原來是在工作上承受很大的壓力，日夜加班，自覺工作成績比其他人都好，卻得不到應有的升遷；男友劈腿又跟她提分手，感情上被背叛，從此覺得全世界都欺負她，漸漸覺得四周都看到細菌在不停啃食著她，所以便開始了「心」苦的「消毒人生」。

她說：其實她眞的知道自己生病了，也看過醫生卻都無解。後來一次緣分曾聽過我的演講，深覺西藏是諸神的國度，因此覺得地上的醫生既然都無法醫好她，或許求助西藏天上諸神也許能醫好她的病，所以就報名前來西藏了。

我聽了之後很替她心疼，身處在這個看似物質豐滿的世界，有好多人卻在名利場上爭奪跌撞，情感上又經常是抓不住的溫柔，卻忘記了生命的本質是什麼？

走進來古冰川，看著桑煙佛塔，原始的冰湖千姿百態、美不勝收，猶如回到遠古的冰河時代，彷彿能將世俗的塵埃洗盡，讓靈魂得到淨化。

「愛」是百藥之王，幸福其實一直都在！

我勸小莉：「這病的解藥在妳自己身上，生命是辛苦的，妳很年輕，這需要時間去學習與體悟，妳所歷經的不如意都是成長的代價與養分，妳要加油，多出去走走，或許就會知道自己有多幸福，現在的執著，可能都是對自己的懲罰，放下吧。」

其實，小莉就像是靈魂被困住的人，她自己也非常痛苦。我相信所有人都曾歷經生命的低潮，包括我自己也是——回想曾有一整年幾乎足不出戶，陷入自閉低潮、走不出去的憂鬱中，覺得做任何事情都沒意義，連喝口水都覺得沒必要，這是一種陷落，只想跟世界遠離。

還好那時有朋友及時救援關懷，才能讓我逃出生命中的黑暗幽谷，一步步走出來，方能再度感知活著眞好！尤其在頓悟自己的生命意義後、與此生所爲何來時，至今的我每一天都是秒過人生，時間眞是飛快得永遠不夠用，因此也特別珍惜當下，更懂得享受最平凡簡單、卻有著最深滿足的幸福人生。其實行旅人生就像天氣一樣，都在不停順逆流轉更迭，天氣再壞、烏雲也總會有過去的時候，眞的要將心放寬，隨時準備著懷抱迎接晴天的好心情，才能遠離幽暗境地。

隔天，我私下委婉跟團員們說明小莉的情況，也盼望大家能長養慈悲同理心，若大家把她想像成是自己的孩子或親妹妹，試問還會這麼生氣她生病的行爲嗎？我相信大家一定

也會不捨與包容，都希望鼓勵她好起來對不對？接下來，我看見前一天怒氣沖沖的團員們臉上的表情都漸漸軟化了，善良與愛絕對是人性最美的光芒。

上車後，團員們開始拿出牛奶糖、口香糖、鱈魚香絲……將各種自己認爲的白色零食，熱情地分享給小莉，就怕她餓著或委屈了，大家開始把她當自己女兒、妹妹在照顧；漸漸的，小莉也感受到大家對她的愛，開始從一個人的世界，走進一家人的世界，之後也可以跟大家一起同桌用餐了。顯然她很珍惜、更需要被大家疼惜關愛，我也終於在鏡頭中看見眞正的小莉了——她綻放出燦爛如其名「茉莉」花般的笑容，眞的好美！相信小莉會越來越好，她爲了「醫好自己的心」而選擇勇敢出發，終於獲得滿滿的愛和友情。

更感謝所有團員們的善良，是你們讓我看見「愛是百藥之王」的奇蹟！西藏眞的是諸神的天堂，因爲每個人都可以是醫生，也可以是諸神。佛說：「人人皆有佛性。」小莉是佛，團員是佛，只要有愛，人人都可以成爲彼此的佛；無論你遇到誰，都要秉持心存善念，將他視做是生命裡的貴客，即便他讓你生命遭受挫折，也都是未來使你成長的逆境菩薩。

所以要懂得學會放下，與生命和解；世界上沒有不幸福的人，只有不肯快樂的心。只要有「愛」就有天堂，幸福其實一直都在！

每年春秋兩季，是最有機會見到冰川壯美景色的季節，而且一路上春光無限秋色斑爛，燦心奪目，
也是攝影愛好者，不可錯過探訪的絕色祕境風光。

STATION 04

醉美仙境「林芝」天上捎來的幸福

在「一日四季」的西藏，
遇見超甜美棉花糖雪景！

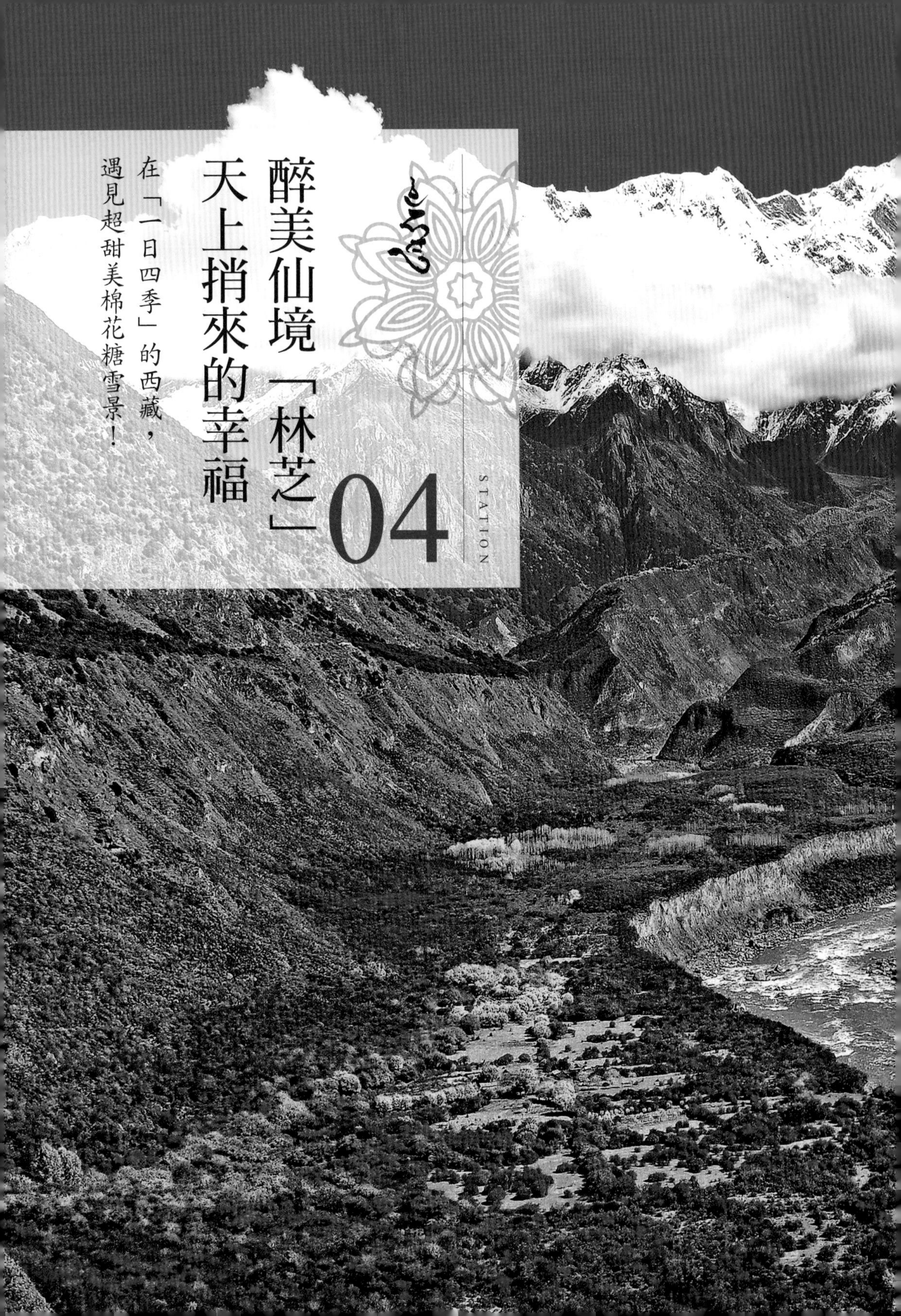

享受著如鷹般的視角，展翅飛旋在海拔七、八千公尺的喜馬拉雅雪山之上，翱翔滑行於山谷之中，不時穿透雲層，看著那若隱若現的層巒疊嶂，以及雪山峽谷稜線下的美麗雅魯藏布江河谷，一點一點、越飛越近，那滿眼的壯闊與震撼，吸引了機艙裡此起彼落、不停卡嚓卡嚓的快門聲響……

一個震顫，飛機終於抵達大家朝思暮盼、仙境的入口——雪域綠洲，藏東「醉美林芝」！

林芝，是世界上僅存的絕少淨土之一，擁有全藏區最美的自然景觀，也是青藏高原的基因寶庫、野生動物的樂園。每逢春神降臨，聖地滿開的桃花美景，是讓人來了就不想離開的仙境。

這裡的藏香豬、牛牛和所有動物們，都擁有迷人的腰身，牠們滿山遍野地自由奔跑，吃著珍貴的冬蟲夏草和各種奇珍異蕈。夏季時節，這裡也出產松茸，因此小動物們的抵抗力好又很養身，牠們可都是食用天然滋補的健康素呢！

在品嚐了舌尖上的西藏美味——魯朗石鍋雞之後，帶著心滿意足的貴「腹」寶貝團員們，準備翻越海拔四七〇〇公尺的色季拉山，前往觀賞最美的六大山峰之首「南迦巴瓦峰」。

看著前方的路，天空忽然降下漫天大雪，尤其是在這春暖花開最美的人間四月天，香巴拉天堂彷彿也想盡展雪域仙姿，以最美的冰晶雪舞歡迎我們的到來，此時卻有位可愛的團員看著手機發出驚呼聲：「今天氣象預報說是晴天有陽光，怎麼會下起雪呢？」

其實在「一日四季」的西藏，只要準備好洋蔥式穿戴，眞的不需要執著每日查看天氣預報，因爲多數是「氣象亂報」，尤其西藏是諸神的國度，這裡的天氣只有神抓得住！因此來到神的國度，只要學會歡喜迎接生命中的每一道風景，要相信一切都是上天最好的安排，一路最美風光都在「心」上。

用心分享獨有的「看見」與「感受」

「雪」是天上捎來最美的幸福！原本百花盛放的山谷，讓意外飄落的白雪，將天地連成一片，還原成雪域最美的原色，大家都沉醉在銀白世界中。團員小茹抬起頭、閉著雙眼享受被雪花親吻的感動，還笑問身旁的人：「雪是什麼顏色的？」大家回答小茹：「是白色的。」接著她展開雙臂，用雙手接捧著滿天飄落的雪花，將它

「南迦巴瓦峰」獲《中國國家地理》評為「中國最美雪山」，春秋兩季是最佳觀峰時節，而雪山下的魯朗林海，景色豐富。每年春天桃花開放，花朵掩映下的皚皚雪峰；秋天時色彩繽紛，猶如地上打翻的調色盤，也是愛好攝影朋友們不可錯過、最美的「神影時光」。

（左）色季拉山視野開闊，也是觀賞──戰神「南迦巴瓦峰」最美英姿取景之處。
（右）色季拉山是西藏四大神山聖地，山口掛滿飄揚的五彩經幡，景色絢麗。

貼近臉頰感受冰晶的溫度，便開心的與大家分享她獨有的「看見」與「感受」。小茹說著：「雪好像棉花糖呀，白色軟軟細細的，有著棉花糖般香香甜甜的味道，真的好想吃一口呀。」聽了她的獨家分享，我相信那是她自己親身感受到最美的「心甜」滋味！

其實小茹是一位視障者，當她在雪地裡跳躍旋轉，並不時地將雪花拋灑空中在玩耍著，其實就像個天真的大孩子，獲得珍貴驚喜禮物那樣的欣喜，眼前這一幕深刻烙印在我的心裡。以往曾感覺上天處世似乎不太公平，但這一刻卻有感上天也是公平有愛的，祂賜給人間如此璀璨的一幕，讓所有人都接收到這份幸福珍貴的禮物──美麗的雪花冰晶，就像一顆顆跳動的銀白心鑽般，鑲嵌在每個人的心上，閃耀著驚喜的光芒。

看著小茹用她靈敏的「心觸覺」，與她獨有的方式欣賞雪景，即便是看遍美景、淡定的我，

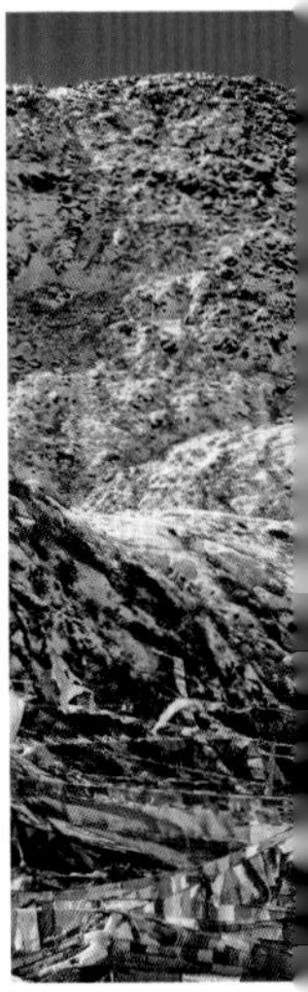

一顆心也跟著她在雪世界裡歡天喜地飛舞著！謝謝小茹開闊了我的視野，讓我今生有幸體會如何用「心」才能看見，在這世上獨一無二、最美、最甜的棉花糖雪景。

心眼合一，共同「玩」成精彩心旅程！

對我來說，這是一次肩負重任的「甜心任務」，因爲團員中有三位視障者，難度比較高的是要帶他們登上海拔五二八〇公尺的珠峰大本營，爲他們圓夢！

此行緣起於多年前的海峽兩岸旅展上，有一個女孩找到我，自我介紹她是視障者的志工，興高采烈地述說著她想帶三名視障者前往西藏珠峰的旅行計畫，並請我贊助一些旅費，幫助他們完成心願。

人間有愛，衆善奉行。雖然我想爲她們圓夢，心裡卻也不免浮現許多疑問：這些視障朋友們出遊要如何觀賞？難道是「聽」風景？在西藏，連一般身體無礙的人都會萌生許多恐懼、擔心害怕，沿途還需面對高原低氧的環境，他們又何以有勇氣離開安全的家，遠渡重洋、翻山越嶺，走向世界之巔挑戰「聖母峰基地營」？

一開始，我有滿腹疑問而不敢貿然答應。志工女孩見我面有難色，便繼續跟我強調：「他們三位視障朋友們，眞的非常嚮往去西藏，之前去絲路旅行時，我也是被他們『邀請』去玩的，起初還以爲自己聽錯，心中同樣冒出許多問號，但與他們一同出遊後，在旅途中看見他們比明眼人玩得更盡興開心，而且一路上並非都是我照顧他們，有時反而是我受他們照顧更多；雖然他們眼睛不自由，但想飛的心跟我們是一樣的，對世界同樣懷有夢想，也渴望生命中能有更多『睛』彩的機會！」

我聽了三位視障朋友對生命不屈服、不妥協，心中充滿逐夢勇氣的種種描述，眞的非常感動佩服！因此也期許自己，想成爲他們生命中的「第三隻眼」，全程與他們心手相依，陪著他們一同光明前行，相信這樣的愛，遠比給予金錢上的援助更可貴。

所以這也是一次需要心眼合一、以眼帶路，才能共同「玩」成的精彩心旅程！這個世界需要許多有愛的人去付出、關懷更多需要被幫助的人，就讓我們一起相約用愛打造天堂，攜手創造美麗「心世界」。

西藏印象 *Tibet Impression*

四月中旬到六月底是色季拉山的杜鵑花季，依次從山腳到山頂逐漸開放。尤其進入六月份，整座山頭的杜鵑花有黃色、白色、紫色、大紅、淺紅、粉紅……花兒爭奇鬥豔，形成千姿百態的花山花海。

在西藏遇到降雪時，含氧量會瞬間驟降，特別容易缺氧、受寒，必須做好保暖動作，尤其是頭部特別重要，千萬避免過度興奮、跳躍、大叫等劇烈動作，耗損血液中的含氧量，以免引發高原反應。

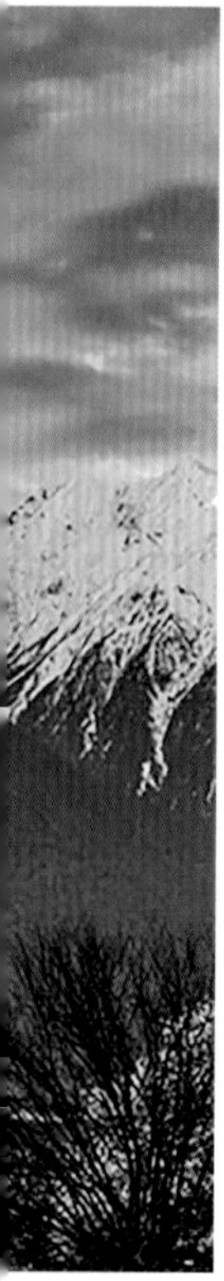

（左）小豬頭好壯壯，滿山奔跑吃著冬蟲夏草、藏紅花……等各種林芝盛產的珍貴雪山之寶。
（右）龍王谷，叫人不想家的魯朗林海，連神仙來了都不想走的地方，讓人享受著最富氧的美景。
（下）「雪山桃花夢——醉美 ・ 春藏」，尋訪千里桃花浪漫，每到四月桃花、五月杜鵑、牡丹，
這花海就足以驚豔整個春天。賞花觀雪，清泉嬉戲，悠遊夢境，最美人間四月天，何似在人間。

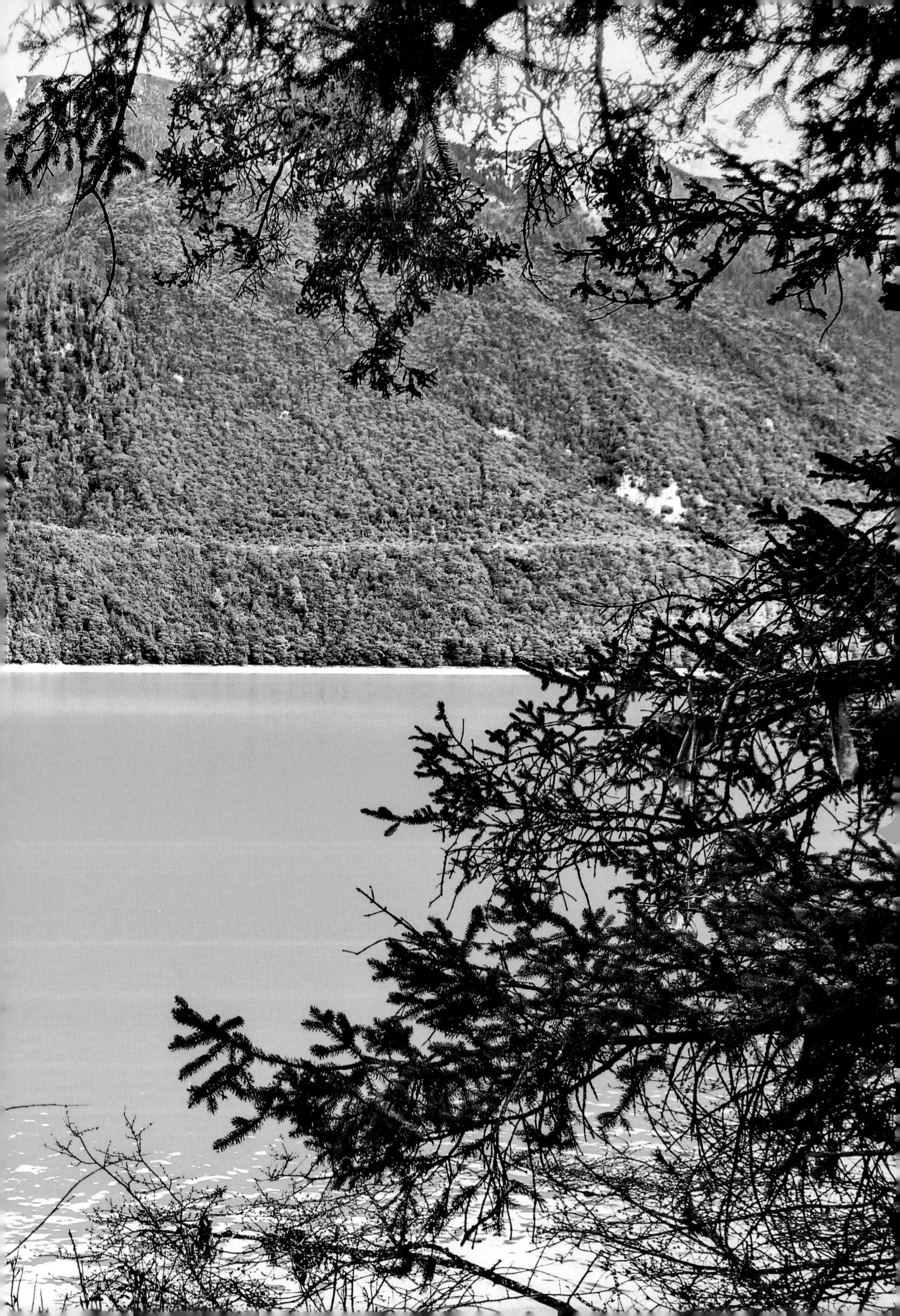

STATION 05

雪域綠寶石「巴松措」

生死一念之間，見證慈悲力量的生命課程

巴松措，妳是藏東最美的一座湖泊，被雪山所環抱，猶如鑲崁在雪山中的綠寶石。
春天，湖畔四周鮮花爛漫；秋天，更是萬紫千紅，鮮紅的楓葉倒影在碧藍的湖面上搖曳生姿，
讓我戀戀不捨無法移開目光……

在回到心馳神往的聖地拉薩途中，來到藏東最美的神湖「巴松措」。

它是藏傳佛教中紅教的神湖，四周被雪山所環抱，猶如鑲崁在雪山中的綠寶石。春天，湖的四周鮮花爛漫；秋天，更是萬紫千紅、繽紛多彩，鮮紅的楓葉倒影在碧藍的湖面上搖曳生姿，讓人愛戀不捨離去。

每逢繞佛節，藏族人會來此轉湖、轉山祈福。當地工布藏族會穿戴他們獨特美麗的傳統服裝，帶著點心、青稞酒、酥油茶，在湖心島上歡快地唱歌、跳舞、「過林卡」（「林卡」在藏語中意指園林，「過林卡」是雪域高原民族一種獨特的休閒方式，也就是去園林中郊遊，一般會選擇在溪水邊、樹林下、草原上遊玩，時間大多集中在六到九月間），讓人強烈感受到藏族血液裡那股奔放與熱情。

而這裡不僅藏族人熱情，就連魚兒也活潑大方、一點都不怕生呢！只要靠近湖心橋，神湖清澈見底，成群的魚兒便迅速游攏過來，牠們的嘴會一張一合的，好像在Say Hi～爭相跟人打招呼似的！

之所以有這樣歡迎撒嬌的畫面，主要與藏民信仰佛教有關。在西藏，無論廟宇、廳堂、

四至六月是林芝春暖花開、萬籟復甦最美的季節，氣候舒適，此時藏族們會全家攜老扶幼，相約在巴松措神湖畔過林卡，歡快歌舞，不負春光。

甚至機場至拉薩市區的國道上都有「八吉祥圖」，當中就有雙魚造型，其喻示超越世間，自由得解脫的修行者，象徵「復甦、永生、再生」之意，所以魚在藏族人眼中是吉祥物，也是圖騰。

此外，藏族視魚爲水神，吃魚會招來災厄；西藏也有水葬的風俗，魚就是船伕，將他們的靈魂渡往天堂，若吃魚等同是吃自己的親人。基於以上種種傳說，使得藏族人非常愛護、保護魚兒，造就這裡的魚熱情如火，跟人很親近喔！

生死一念間，若非必要，何不放過？

想起以前我曾帶團前往餐廳用餐時，途中有漢族餐廳的老闆會把魚擺在臉盆裡，放在店門口吸引往來遊客，結果我們的團員看見了，就跑來跟導遊說很想吃魚。正當老闆準備把魚撈起來時，開車的藏族師傅見狀，立馬出來阻擋護魚，焦急得大聲嚷嚷說：「不可以，這有神，有神，有神！」還急忙從口袋裡掏出八百多塊人民幣給餐廳老闆，要他放生了地上這一盆魚。

看著他們爲了這盆「魚命」爭執不下，眞的不禁有感而發——同一條魚命，遇見不同的人，卻眞是命運大不同啊！遇見吃客就「往生」，遇見藏族就「翻生」，團員們此刻見狀也萌生惻隱之心，紛紛跟老闆說不吃了、不吃了。但我們的開車師傅「尼瑪」高大又激動，一副就是不達目的絕不罷休的態勢，他很不放心，爲了怕老闆繼續賣魚，堅持把錢給店家，希望他們能收下，放了這些魚。雖然不確定店家最後會不會放了又抓，但我們的尼瑪師傅在當下已拚盡全力救渡魚生，那一幕眞的不像是在救魚，卻像是在贖回至親的生命似的！

眼見這救魚的費用不少，上車後我便問尼瑪：「你這樣救魚，跑車

（左）湖水清澈得可以看見成群游動的魚兒。（右）傳說湖心島是「空心島」，與湖底不相連，是神奇漂浮在湖水上的。

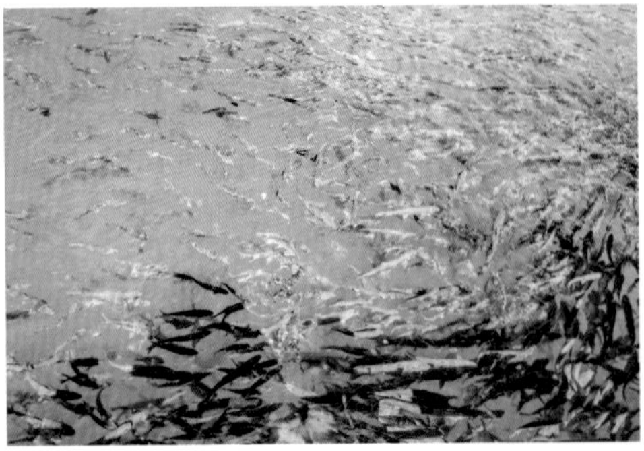

賺的錢夠你救嗎？這樣能救幾次？」

尼瑪是藏族人，漢語講得不好，回答我的字數都很簡短。

他說：「夠，夠，緣分，可以的。」隻字片語的答案雖簡短，意義卻相當深刻，其中充滿了藏族的虔誠、慈悲與執著，這讓我跟所有團員相當感動，大家都另塞小費補貼尼瑪的救魚義舉。

這次經歷也讓我感悟良深，雖然想吃魚的偉大理由也很多，例如這樣才能平衡生態、這就是物競天擇等等……不過在藏族虔誠的信仰中，生命不分種族高低大小，皆爲上天所賜予，都是同樣的珍貴。

有時想想，生與死都在一念間，若非必要，爲何不放過？

眞心感謝尼瑪師傅在神的國度，幫我們上了一堂「慈悲力量」的生命課程！

西藏印象 *Tibet Impression*

藏族人受佛教信仰的影響，認爲能夠不吃肉當然是最好。但如果爲了生存，一定要吃肉時，一般會盡量避免食用雞鴨魚肉。他們認爲一隻大型動物可使很多人吃飽、可以吃很久，而吃魚蝦就必須殺害很多條生命才能塡飽一次肚子，所以藏族人很少吃小動物。一頭牛能餵飽二十個人，二十條魚卻只能餵飽一個人，所以只要滿足日常飲食需求就行了。此外，提醒大家在湖邊遊玩時，千萬不要有撈魚動作，這是不敬的，容易激起藏族人情緒，引發糾紛。旅客也不用擔憂飲食不便，現在菜品肉類大多由內地運入高原，大致可以滿足旅客各類所需。

STATION 06

「米拉神山」風中的祝福

一切盡在不言中！
感受世上最美麗的「心交流」

在海拔五千公尺之處，遇見一行人俯仰於天地之間，
他們匍匐前行，用身體丈量大地……
這一俯，如生命歸於塵土；再一仰，已是百年身。
這條路，穿過生，越過死，穿過身體和靈魂終將面對的一切磨難。

離開神湖「巴松措」，繼續前進拉薩，沿途欣賞著飛花碎玉、綠如翡翠般的尼洋河。若是秋天來訪，沿途植被轉黃，金色尼洋河的風光更是滿眼美麗，讓人不捨眨眼。

尼洋河也是當地工布人的母親河。在湍急江流中矗立著一座巨石，不動如山，相傳這是當地守護神——工尊德姆修煉時的寶座，非常壯觀。

車子蜿蜒爬升而上，來到西藏第一站的最高點、海拔五〇一三公尺的「米拉神山」，意爲「神人山」，它是林芝與拉薩的分界山口。眼前的雲朵不僅漂浮在額頭旁，還倒映在腳邊五千海拔高的山巒之中，同步快速浮遊飄移著，這畫面根本只有在宮崎駿「天空之城」的動畫世界裡才能見到，是那麼的不眞實，讓人看到出神，當下眞的要不忘捏捏自己，才知道自己還活著。

現在腳踩雲端，讓人彷彿親臨西天之上，如夢似幻。如果下過雪，這裡就如同仙界的入口，那美得像登天的畫面讓人魂牽夢縈。往前走幾步，在山口旁有座威武神氣的犛牛雕

米拉山口，當每一個人到達這裡時，再也無法掩蓋內心的激動，山頂常年積雪，如同親臨仙界，令人迷醉震撼。

這條通往拉薩的朝聖路上，經常可見到叩長頭的藏族朋友。此時您可化些食物、水都可以實際幫助他們，結下今生最美好的善緣。

像，無論風雪烈日侵襲，依然挺拔地守護著神山，這座名爲「雪域之舟」的雕像，不僅是米拉神山的標誌，也是米拉神山的大山之魂。

雕像旁有著滿天翻飛的五色旗海經幡。山口最高處也掛滿數以萬計、寫滿經文的五彩經幡，非常壯觀；經幡就在大地與蒼穹之間迎風飄揚，當經幡隨著風兒翻飛搖曳，就等同誦念經文的次數，你可以將心願寫在經幡上，所有心願寄語，都直送天界之上諸佛耳畔邊，它就像連接天地的郵差信使，使命必達，是最美的風中祝福，將你虔誠的祈願如實傳達給天界神靈。

在俯仰之間穿越生死

正當我們掛完經幡，準備離開之際，看見十多位藏族朝聖隊三步一跪、五體投地行大禮拜來到山口。置身在五千海拔的地方，光站就覺得缺氧微暈了，更別說還要三跪一拜，這是何等艱辛啊！我默默注視著一行人俯仰於天地之間，看著他們匍匐前行，身體重重地劃過大地……這一俯，如生命歸於塵土；再一仰，已是百年身。在這俯仰之間，走過一次又一次輪迴。這條路，穿過生，越過死，穿過身體和靈魂終將面對的一切磨難。

看著他們用堅定的眼神、與堅毅的身軀在丈量著大地，朝著拉薩的方向行大禮拜前進，團員們露出驚訝又好奇的神情問導遊：「他們這樣走了多久？」

我們的導遊「童嘎」也是藏族人，小時候曾當過喇嘛，長大後還俗，有著詩人浪漫的情懷。他回車上拿了水和零食，準備去當親善大使，和途中巧遇的朝聖者結緣。

童嘎邊走邊和團員們說明——朝拜者最需要「水」，這種行大禮拜的方式最耗體力，

秋天藏族人結束農忙後，便開始走上朝聖之路。

五彩經幡在大地與蒼穹之間飄蕩搖曳，連地接天，將藏民們虔誠的願望傳達上蒼神靈。

汗流得很快，身體會嚴重流失水分，所以很多人都在長途跋涉朝拜的路上，就因爲缺了那一口水，而在路上成佛、直上西天了。因此有機會見到朝聖者，能夠把水化給他們，等於是做了很實際的大功德；當然若有食物可以跟他們結緣，爲他們補充一些體力也很好。

聽童嘎說完，我們全團都是善心好寶寶，紛紛衝回車上翻袋淘寶，一起將寶貴的水與跨海帶來的正港台灣味零食如旺旺、乖乖、科學麵、七七乳加巧克力……用滿滿的台式熱情奉獻，交到朝聖者的雙手時，可以感受到他們的雙眼流露出感動與喜悅神色，卻因害羞、不擅言詞，只是對著我們頻頻點頭。

珍惜生命中「美麗的遇見」

我想，這就是世上最美的「心交流」！不需太多言語，當「愛」到最高點，一切盡在不言中！

童嘎用藏語問他們從哪來、走多久了？朝聖者回道：「從玉樹來，已經走三個多月了，具體也數不清日子了。」

朝聖者也問童嘎：「到拉薩還要多久？」

童嘎說：「這樣拜過去，大約還要十幾天。」

朝聖者聽了，如是點頭回道：「突戚戚。」就是「謝謝」的意思。

其實我們當天開車就可以抵達拉薩，但朝聖者以大禮拜的方式卻還要十幾天。團員們聽聞朝聖者這一路上已經跪拜前行九十多天，都非常感動；看著朝聖者黝黑臉龐的額頭上，留有早已風乾、大大的灰土印記，相信那都是一路上朝拜，用頭部敬天叩地時所寫下的「誓言」，那是對自己與佛的堅持與信仰。

看著他們虔誠跪拜的背影，隨著手持木屐護手，雙手叩地支撐再起的清脆響聲，漸漸淡去，團員們都朝著他們離去的方向望著，頻頻拭淚，雙手合十，像是在爲他們祈禱，祝福他們一路順利平安。

倘若眞有前世今生，倘若眞有緣分，相信在這一生、這一刻、這一面，儘管只是擦肩而過，當你需要我時，彼此能再重逢，這是多麼美好的「遇見」！

感謝上天！感謝久別重逢的緣分！讓我的生命，因最美麗的遇見而滿心豐收無憾了。

山口上藏族販售著五彩經旗，您可將心願寫在經幡高掛在山口上，隨風將祝禱傳遞至天界。

STATION 07

天上宮殿「布達拉宮」

抓住夢想，絕不放手，只要有心，整個宇宙都會來幫你！

紅塵入淨土，千年的光陰足令黃金斑駁，拉薩卻始終光燦神祕、充滿活力。在許多人心目中，西藏只是一個遙遠的夢幻，而拉薩更是一個夢的天堂，匯集著詩人、情人、愛人、聖人、凡人與許許多多不平凡的靈魂，儘管各有懷想，卻目標一致地流連忘返於聖城之中，彼此都在追尋著自己心中不滅的虔誠花火——那可能是一段愛戀，也可能是一生信仰，更可能是一次尋心旅程……

祂總是能讓所有夢的種子，在這裡找到讓自己發芽綻放的能量！

拉薩是具有一千三百多年歷史的古城，在藏語中意指「神仙居住之地」。它也是西藏政治、文化、經濟的中心，擁有布達拉宮、大昭寺、八角街、黃教三大寺、聖湖納木措等無數聞名遐邇的世紀景觀，其中布達拉宮更是聖城拉薩的驕傲！

這美麗猶如天上神殿「布達拉」的誕生緣由，其實非常浪漫。相傳十三歲繼位、十六歲就統一西藏的吐蕃國王松贊干布，爲了迎娶聰慧如女諸葛的唐朝宗室之女文成公主——她上知天文、下知地理，除了精通星象天文曆算，更是將種子與種植、織繡等技術，還有漢傳佛教「十二歲釋迦牟尼等身佛」帶入西藏，深受藏民尊崇敬愛，視她爲白度母的化身。她從長安遠嫁到西藏，翻越千山萬水，歷經天險、走了多年茶馬古道，才來到吐蕃王國。而這座「布達拉宮」，就是當時藏王松贊干布爲了迎娶文成公主所建的蜜月新房。

布達拉宮西面的藥王山觀景台，清晨、日落時分，許多攝影好手都會在此創作拍攝，是布宮最好取景角度之一。

歷經千年歲月，富麗壯觀的布達拉宮氣勢磅礴，至今仍然屹立在雪域之中，不曾搖墜；在雄偉壯觀中，我看到了絲絲柔情蜜意，因爲那是他爲她修建而成。只因他心中有愛，愛這塵世、愛這女子，爲她，一沙一礫都是金貴。爲她，大千世界再多繁華，只求她一顰微笑，如若心中無愛，如若塵世無她，這一切都是枯蕪。爲摯愛之人，傾盡所有又如何。這也足讓世間有情人羨煞，一起見證他們這段穿越世紀、永遠不朽的愛情故事！

再度回到拉薩，走在

布達拉宮的廣場上，晨光灑下，地面冒出的冷空氣與陽光交錯著，那淨透的空氣裡瀰漫著香煙裊裊，桑枝燃燒、煨桑的味道，看著老阿媽手搖經輪，朝著紅山之上的神殿虔誠敬拜著，神情散透著一抹寧靜、祥和、平安，是如此讓我心有所歸，心也跟著慢慢沉澱下來，仰望著眼前這座世界上最高的宮殿，無論來過多少回，每一次，踏往宮殿的每一步、每一眼，都穿透著電流，心中的震撼卻永遠未曾稍減、消褪。

對我來說，布達拉宮是我在西藏的「心」家。對許多人來說，祂更是一生嚮往的夢中國度！

「布達拉宮」前的御花園總是熱情繽紛，在不同季節會開滿不同的花海，這次的春天神殿前開滿魯冰花，更添無限美麗浪漫情調！

能讓人幸福，才是最幸福的事

回想多年前的夏日午後，公司經理來電向我請示有旅客行動不便，想去西藏旅行，但只想參觀布達拉宮。我直覺反應回答：「既然行動不方便，就別接了，可能會影響到同團旅客。」

但經理卻不放棄，繼續爲她爭取同行的可能：「董事長，可是她不一樣，她不會影響其他人。」我一聽心中充滿疑惑。經理急著接續說：「董事長，她爸爸爲了她的願望，專程去西藏探路才剛回來台灣，如果能夠參加，她的爸爸、先生、兒子，生命中最重要的三個男人會全程陪同上去照顧她，不會麻煩到別人的。」

這樣聽來，感覺她像公主般受寵愛，家人都願意陪她一起去西藏逐夢，愈發引起我的好奇心：「那她行動到底有多不便？」經理回答：「需要坐輪椅。」我聽了瞪大眼睛說：「我以爲只是腳受過傷不方便、走得慢而已，你現在是在告訴我，一個需要坐輪椅的旅客……你想要安排她上去西藏？你也是領隊，去過西藏十多趟，請問你：坐輪椅怎麼上布達拉宮？神山、聖湖、景區怎麼走？」

經理居然不慍不火地回我：「董事長，您不是跟我們說『能讓人

（右）在布達拉宮上俯瞰拉薩聖城視野，美麗風光盡收眼底。（左）布達拉宮，不僅正面壯麗，背景同樣吸睛，姿態卓絕神美。

布宮前的經牆上，鑲嵌供奉著菩薩諸佛像，讓虔誠的藏民心有依止，時刻感受佛光普照的溫暖。

幸福，才是最幸福的事』，我們是旅客夢想的幸福園丁，要用洪荒之力，爲貴賓們幸福圓夢，這不是您念茲在茲、要我們團隊共同努力的目標、信念與志業嗎？」

「那也要以大局爲重，畢竟可能會影響到其他旅客呀！」

「董事長您不用擔心，這點他們也有考量到，特別說：你們若擔心我上下車會影響到其他人，只需要安排我到布達拉宮就好，這是我一生最大的願望，只要能親眼見到布達拉宮便足矣，其他地方我都可以放棄不去，天天待在飯店、或留在車上等大家回來，都沒關係。」

這番話讓人聽了格外心疼不捨，如此這般委曲求全，只爲了親眼看見布達拉宮，也讓我眞的有點陷入天人交戰了！去布達拉宮對尋常人是多麼簡單的事，但對行動不便的人來說，卻成了此生最大的夢想與心願，也難怪經理會想幫她爭取、完成這個願望。

只要有心，你將無所不能

但布達拉宮位在世界屋脊、紅山之上，有一百八十七個階梯，又沒有電梯，到底要怎麼安排坐輪椅的人上到這座「天上宮殿」呢？這些都是很大且必須考量周全的問題啊！不料經理又說：「對方有說上不去沒關係，只要把輪椅推到布達拉宮前面，她抬頭仰望就心滿意足了！」

我問經理：她年紀多大？什麼原因造成行動不便？是暫時還是永久性的？

「宗角祿康」布達拉宮的後花園圍繞著布宮山勢起伏，綠柳搖曳、碧波清澈、綠頭鴨悠遊。

布宮天上神殿，剛做完功課，準備離開的喇嘛漫步下山。

能用枴杖嗎？經理回覆：她大約三、四十歲，結婚前很喜歡旅行，而布達拉宮是她婚前最想去的地方；沒想到很年輕就結婚接著懷孕，雖順利產下一子，卻也因爲生這寶貝兒子，在生產過程中壓迫到脊椎神經，造成永久性下半身癱瘓，無法使用枴杖，需要倚靠摺疊輪椅行動。

一個二十多歲、正值青春芳華的女孩，生命原本閃耀著璀璨光芒，懷著每個女孩心中最美的夢想，步入婚姻、結婚生子，豈料因生產遭逢下半身癱瘓，這對她來說是多大的打擊啊！心中深感無常與不捨，但也對她更升起無比敬佩之情——雖然生命中遭逢如此巨變，造成雙腳不良於行，卻從未澆熄她對人生的熱情，而放棄心中夢想。

那一刻，我心裡萌生無比堅定之情，也認同經理的想法，召集一六八天使團隊召開會議討論後，大家都知道任務艱鉅，卻有共識、願意拚盡全力，幫她登上布達拉宮，完成心願！

不過在這之前，我們也擔憂同團其他旅客能否接受她？就在安排見面會那天，她充滿陽光、熱情地分享自己的心情現況與對西藏的嚮往後，現場響起全宇宙最溫暖熱情的掌聲，歡迎她的加入，這眞是順利得出乎我們意料之外。

原來其他旅客看到她的狀況，都對她的精神非常敬佩加讚許。儘管大家身體健康，但心裡對前往西藏仍然充滿許多未知、恐懼、擔心與害怕，相較於她，除了陽光般燦爛的笑容，還有堅定的意志、對夢想的堅持、勇敢的靈魂，完全不被身體的不便限制所阻礙擊退，在她身上更沒有絲毫畏懼之色！

「龍王潭」，布達拉宮的寶鏡。春秋時節湖面平靜無波，好似一面如夢似幻的寶鏡，風景如畫，是愛好攝影者的天堂。

我想，這一切得歸功於她對生命充滿熱情，對夢想永不放棄的執著和勇氣，所有人都被她這股生命力感動了，這是一種「心之銘印」——只要有心，你將無所不能，全世界都會聯合起來幫助你，會吸引所有的善念、善緣、善磁場、善緣分，匯聚成善之海洋，來幫你達成念想、願望！

「聽」見西藏最美的風光，遇見最溫暖的「人心」

我們一行人朝著夢想前進出發，終於來到山腳下，仰望著衆人朝思暮盼的天上宮闕「布達拉」。爲了完成此次圓夢計畫，我們事前還到處請託西藏朋友，讓他們幫忙找個高大威猛的藏族男子來擔任她的雙腳，這樣她就不用一直受限於輪椅，可以跟著團員們一起漫步紅宮了。這是我們精心安排，準備送給她的禮物與驚喜。她原以爲只能坐在輪椅上仰望布達拉宮，而今卻超越了原本的盼望，能有機會和大家一起成功登上布達拉宮，擁有天上雪域大王的高度，俯瞰聖城之美，相信她應該覺得心滿意足、此生無憾了。

沒想到！可愛的她從西藏旅行回來後，在群組上開心回味、聊起最難以忘懷的，竟然不是朝思慕盼的「布達拉宮」，而是精心爲她安排的禮物——揹她登上宮闕的康巴漢子，成爲她親身「聽」見西藏的最美風光，即便早已離開天上西藏重返人間，午夜夢迴仍不時聽到那噗通、噗通……康巴漢子揹她爬上宮殿時的心跳聲，以及遺留滿身的汗味，有種濃

攝於布宮，可愛的藏娃，如格桑花般芬芳，有著最燦爛於心甜美的笑容，是我見過～雪域最美的親善大使。

厚讓人難忘的男人味！

聽到這裡，讓我不禁笑了……確實令人難忘啊！因爲藏族一生只洗三次澡——出生、結婚、上天堂。藏族朋友存了一輩子的「男子汗」，都在揹她登上布達拉宮時，毫無保留地全情奉獻給她了。這份愛的禮物，想必是對味了，這如野犛牛般最香醇的原味，已經濃濃地飄進她心裡，相信眞的會讓人永生難忘吧！呵呵……

而這趟西藏行旅，除了使命達成的幸福喜悅，也心懷感恩見證了世間最溫暖的「人心」，更感謝您——讓我看見絕不妥協，不讓生命留有遺憾，抓住夢想，絕不放手，縱情燃燒的強大生命力量，在夢想的道路上，只要有「心」便能「身無所限」，無所不成，無所不能，只要有「願」就有「力」，這強大的心能量將吸引整個宇宙磁場一起來幫助你～讓夢想起飛！

STATION 08

信仰的天堂「大昭寺」

別讓你的善心，
成爲他們正向前進的障礙！

那一天，驀然聽見你誦經中的眞言；
那一月，不爲祈願，只爲觸摸你的指尖；
那一年，不爲覲見，只爲貼著你的溫暖。
那一瞬，我飛升成仙，不爲長生，只爲佑你平安喜樂。
那一天，那一月，那一年，那一世……詩篇般的字句，讓人心醉柔軟。
六世達賴喇嘛與情人祕約的地方，如今已成了許多遊客抒發浪漫的聖地。

當你來到大昭寺，你會看見最強大的信仰，朝聖者五體投地朝拜的身影，投射在大昭寺門前廣場聖境的每個角落；也只有在大昭寺，你可以看見這世間最虔誠的信仰與靈魂，那種發自內心的澎湃感動，絕非筆墨所能形容。

走進這座擁有一三五〇年歷史、在西藏具有至高無上地位且最輝煌的佛教中心，寺內供奉著最爲珍貴、由文成公主嫁入吐蕃所帶進西藏、釋迦牟尼佛祖在世時，親身爲自己開光的十二歲等身佛，每年各地更有數以萬計朝聖者，不畏千里之遠、萬里之遙，來到信仰的淨土壇城大昭寺，向萬法之尊釋迦牟尼佛祖敬拜，若未能親身叩抵，而在朝拜路上不敵風雨就地成佛時，他們也會將自己的牙齒嗑下，請同行者帶到大昭寺釘入「牙柱中」，幫助他們完成此生追隨佛祖的心願，以求來世靈魂得以輪迴超脫。

（上）大昭寺二樓經殿。

（下）大昭寺喇嘛辯經——透過辯論佛教教義，達到學習佛法的過程。

千年酥油燈燃亮心靈之光——點燃燈火可以將火的慧光凝聚為世間的火把，使人們看得更清亮，獲得智慧之心。

寺外便是拉薩最古老、由衆多朝聖者以身軀丈量鋪展而成的千年轉經道「八廓街」。在藏民心中，順時針繞行一千多米的轉經道，是一條可以帶他們通往天堂的神聖之路，除了能感受無處不在的虔誠信仰與感動，它同時也是匯聚人文、藝術、傳統、創新的千年古街，集結了各類創意的特色餐廳、書吧與商店，販售藏地藝品轉經筒、面具、天珠、唐卡，還有閃亮奪目的綠松石，以及藏族銀器飾品，琳瑯滿目，非常吸睛。這裡不可錯過的，還有街上一棟最亮眼奪目、名爲「瑪吉阿米」（意指情人）的黃房子。

每回到拉薩，只要有時間空檔，我便一個人上去喝杯甜茶，靜靜望著窗外熙來攘往與朝聖的人們，閱讀「愛情中的如來」六世達賴喇嘛倉央嘉措的情詩——住進布達拉宮，我是西域最大的法王；流浪在拉薩街頭，我是人間最美的情郎。曾慮多情損梵行，入山又恐別傾城。世間安得雙全法，不負如來不負卿。那一瞬，我飛升成仙，不爲長生，只爲佑你平安喜樂。那一天，那一月，那一年，那一世……那似水柔情般的詩篇，無不令人魂縈夢牽。

這裡便是六世達賴喇嘛與情人「瑪吉阿米」祕密相會的地方，現在已成了許多遊客抒發浪漫的聖地。

大昭寺內供奉著十二歲佛祖自己開光的等身佛，如同本尊化身，
所以藏民到大昭寺前磕上十萬個長頭是一生要完成的功課，代表對佛的崇敬，也是一生志業。

經歷一場「最青春的豔遇」

這天又獨自回到信仰的天堂「大昭寺」。傍晚時分，金光斜陽緩緩落下，灑在大昭寺的雙鹿金輪上，廣場一如往常，不時會看見來自各地、以身軀丈量大地的朝聖者，由千里之外，三跪一拜來到大昭寺前，嘴裡不停誦唸著「唵嘛呢叭咪吽」的經文，虔誠頂禮膜拜。聽著梵音繚繞，也讓人心情特別安定。

我每年都得回西藏這個前世的家走走看看，每年看著這個家不斷地改變，每年都要重複經歷不同的「睛」喜。這一年的大昭寺、八角街，變得越夜越美麗，整體規畫更加進步方便了，就在仔細欣賞這美麗的改變時，廣場上一個看起來約莫六歲的小女孩兒長得特別可愛，紅紅的小臉旁垂掛著兩條細辮子，穿著藏裝，藏味十足，滿臉笑容地朝我飛奔而來。小臉蛋仰得高高的，用那讓人瞬間融化的娃娃音對著我說：「姊姊、姊姊，妳好漂亮，可以給我親一下嗎？」

雖然被這小妹妹突如其來的求「親」舉動嚇得有點不好意思，待稍稍回神後，感覺陷入輕飄飄的失重狀態，彷彿張開雙臂就能飛天。哈，原來是虛榮心作祟，以爲自己美到老少咸宜，美到西藏天堂了，一整個開心到掏出手機，想立刻跟小粉絲自拍，留下求愛的證據，便能證明我的魅力眞是老少咸宜，呵呵……

正準備蹲下來，讓這可愛妹妹「求親」的願望實現時，我也開出相同的交換條件說：

「妹妹，那我可以也親妳一下嗎？」妹妹說：「可以，等一下。」就在此時，她的小手從背後拿出一朵玫瑰花，對著我說：「姊姊，送給妳。」天啊，原來一見鍾情、觸電的感覺，是不分年齡大小的，我想這應該是我這輩子所經歷最青春的豔遇了吧！差點要唱起小幸運的歌了，怎麼那麼幸福啊！正當沉浸在以爲自己魅力不減的喜悅時……

下一秒，稚嫩的小臉卻大聲熟練地說出：「姊姊十塊！」跟我討要玫瑰花的錢，原來剛剛發生的一切都是一場遊戲一場夢，瞬間讓我從雲端掉到谷底，當場玻璃心碎了一地。

這才大夢初醒，都一把年紀了竟還被小小孩騙了！我開始化悲憤爲力量，抬起頭四處張望，想知道這是誰家的孩子，這麼小就讓她出來利用人們的愛心、情感賺錢。往右前方看去，遠處有名婦人帶著三個小孩向我們這裡看著，原來人體監視器就在不遠處，等著收割孩子出賣天眞所賺的錢。

八角街是一條新舊交融千年的聖路轉經道與古街，可見虔誠的藏民轉經。此地也是聖城最大的市集，您可盡情淘寶。

有智慧的愛心，才是眞慈悲！

這十幾年來，隨著青藏鐵路開通後，西藏旅遊益發蓬勃，遊人如織，連帶也造成當地少數藏族帶著孩子到遊客多的旅遊景點，利用各種方式向觀光客討要或賺取金錢。有時遊客覺得小孩很可愛，或是看起來可憐，就隨意給他們錢。但認眞想想，這樣眞的是愛心展現嗎？雖然錢不多，但愛他就不要害他，畢竟這麼做會養成他們不勞而獲、偏差的心態。

目前在中國大力援藏的政策下，給予藏族貧困家庭與牧民提供十五年免費義務教育，包含營養餐費、住校費用、學費全都是免費

（左）八角街上磕長頭的男孩，他清澈的雙眸映射著對信仰的堅持，令人動容。
（右）這八角街口顯眼的黃色房子，就是傳說中六世達賴喇嘛倉央嘉措與情人瑪吉阿米約會的地方，現在已成為遊人聚會抒發浪漫的餐廳了。

的，並在西藏大力興學蓋校，提供孩子們就學機會，讓他們享有更好的成長環境，培養優勢競爭力。若遊客認爲自己的「隨手之捐」是做善事，當地有些父母可能因而不讓孩子上學，天天帶著去風景區要錢，長期下來反而是害了他們。

因此，我還是跟小妹妹曉以大義——「妹妹這樣不好喔，姊姊沒有十塊錢，但我有糖果給妳，回去跟媽媽說：帶我去上學，不要讓我出來要錢！」雖然不見得有用，但起碼得讓她知道這樣的行爲是不好的。對幼苗灑種，建立對錯的價值觀，才能讓他們遠離街頭，有機會好好讀書、受教育。

西藏現今除了阿里大北縣無人區、仁多這些眞正的偏鄉，仍處於用錢都難以買到物資，確實需要愛心物資捐獻幫助的狀況。整個大西藏其他地區都在中國大力的建設援藏下，藏族人的生活已經有非常大的改善和進步，尤其大城市、主要旅遊景點，眞的不用再隨意給當地小孩或藏族人金錢。因爲您的善心，反而可能養成他們不勞而獲的習慣，成爲他們正向前進的障礙。

下回有機會前往西藏旅遊，當您想發揮愛心、做善事的同時，記得也要「昇起智慧心」，這樣才是「眞慈悲」喔！

STATION 09

聖城拉薩的盲童小學

眞正的黑暗，
不是雙眼看不見，
而是心中失去了那道光

人們說西藏是傳說中的天堂，到底大家所追求的「天堂」在哪裡？就在一曲代表寶島台灣的〈高山青〉獻給盲童小學的小孩時，原本臉龐還帶著堅硬線條的團員們也逐漸被彼此的愛給融化，跟著大家一起拍手、齊聲高唱，將來自寶島的那份善良濃厚的愛，全情釋放在歌聲裡……

這一幕讓我相信，只要心中有愛，人間無處不是天堂。

預期之外的旅程中，往往會出現意想不到的「驚嚇」與「收穫」！

帶著剛才在大昭寺被傷透的玻璃心，來到拉薩廚房用餐，正想藉著美食好好撫慰受創的心靈時，卻接到團裡視障者團員志工的電話，希望我能協助他們安排三位視障朋友們，下午去參訪拉薩的盲童小學，讓他們有機會關心西藏盲童，也能藉此交流，彼此互相關懷。

接到這樣的請求，我內心雖然非常想幫忙，卻又無比為難，因為西藏沒有事先提出申請，也不能隨意安排參觀；還有這是團體行程，只要有任何一個團員不同意變更行程，都是不能夠隨意更改的。

掛了電話，我在心裡思索一番，到底要怎麼做才能夠幫這個忙，讓他們完成心願呢？腦中靈光一閃，我想到——乾脆把他們分開，安排他們另搭一輛車，這樣就不需要其他客人同意與否了，我開心得立刻打電話給我「天眞」的藏族導遊童嘎：「童嘎，我跟你說，等一下用完午餐，把車上視障者團員單獨拉出來，跟團隊分開，他們想去拜訪拉薩的盲童小學，其他客人用完餐，你讓領隊帶去逛八角街，讓他們自由活動。等結束後，再約好時間，把客人帶回團體一起會合，這樣了解嗎？有沒有問題？」

童嘎像個滿懷熱情的大男孩，在電話那頭開心回道：「孫董，好的，沒問題！」這句簡潔有力、充滿自信的話，讓我非常信任，並相信他一定可以完成這個簡單的任務。還跟他叮嚀著：「那你要掌握好時間，我會先到拉薩盲童小學，等你來會合。」

豈料，計畫總是趕不上童嘎的天真所產生的變化！

天真的童嘎熟讀佛經，卻讀不懂人心

我先抵達學校，準備與六位視障者團員、志工會合。由於學校位在深巷裡，完全沒有任何校名招牌，實在難以發現，因此我走到街口望著來往車流，準備接他們進學校，沒想到眼前開過來的不是計程車，而是當時我親自領團、兩車三十二人的大巴遊覽車，同時開抵現場。

我簡直當場嚇壞了，滿腦子疑問——大家這時候不是應該在八角街，怎麼會兩輛車都開過來了？難道其他團員也想一起參訪、關懷盲童、共襄盛舉，而願意放棄幾乎是人人喜愛的「八角街」購物時光嗎？儘管心中充滿疑惑，但車上團員陸續下車，在不明白具體情況下，我也不方便當著大家面前直接詢問導遊：這到底是個什麼情況呀？走進盲童小學，進入校區教室後，我私下察覺有部分團員面部線條堅硬，明顯感覺不悅，心裡覺得大不妙，便把導遊童嘎拉到門外，低聲問道：「其他團員現在不是應該在八角街嗎？到底發生什麼事……怎麼被你全帶來盲童小學？他們有同意來參觀嗎？」

童嘎又是一副自信滿滿、開心地回答我：「孫董有啊，我特別在車上告訴他們，今天下午有機會可以為大家安排行程外很棒的活動，尤其我在拉薩當導遊多年，都沒去過『盲童學校』，所以若有這個機會的話，我自己都非常想去拜訪，相信把溫暖送給這些盲童，會比逛街來得更有意義！」

盲童德慶玉珍——學習用手機「讀」著朋友發來的資訊。

我追問他：「客人有說『好』嗎？」

他說：「有啊，『有些』客人還很開心地拍手說好棒！」

「那其他沒拍手的客人，你有無徵詢他們的意見、想參觀嗎？」

童嘎回我說：「沒有，但他們也沒有任何人提出來、表示不想去，所以應該就是想一起參觀呀。」

當下我眞是晴天霹靂，嚇到心驚驚，卻還得深呼吸，保持鎮定面對，準備善後他投下的不定時炸彈。童嘎這天眞的孩子，他雖熟讀佛經，卻讀不懂人心這個小宇宙呀！通常客人很含蓄，在大家面前都希望能保持合群的高貴情操，所以即便心裡不喜歡，也習慣當下不說話、不表態，但內心其實早已暗潮洶湧，隨時準備爆發、秋後算帳的！眼下再擔心也無用，只能等待參訪後，再做危機處理了。

盲童在學校內學習如何使用打字機。

愛，讓我們彼此近在眼前

盲童學校的老師帶著我們參觀，介紹孩子們上課時所用的點字機，還有他們也會使用電腦與世界接軌……這些都是超乎團員們所想像的，因此感覺特別新奇。這些盲童大都是偏遠牧區的孩子，除了先天失明的原因之外，有些孩子因西藏的陽光熾烈，在紫外線強力照射下漸漸失明，無法從事放牧工作，加上家庭窮困無力撫養，很多都會淪爲乞丐。

盲童小學的校長莎碧麗葉女士是德國人（本身也是視障者），特別知道失明之苦，飛越萬里來到西藏辦校是非常偉大的情操，並且她會特別深入偏鄉，去找這些盲童，把他們帶回學校，免費提供吃住與教育，希望他們能學會生活技能，未來能獨立生活，照顧自己。

團員們聽了滿腔熱血，都想樂捐。老師滿懷感謝地拿出捐獻箱，大家都非常踴躍的捐款，很想爲盲童們盡些棉薄之力。

此時三位視障者團員向老師表示，希望藉由歌聲的傳遞，將愛與關懷獻給所有盲童小學的小朋友們。老師便帶著大家前往教室，向孩子們介紹：今天有來自台灣的朋友，特別來看大家。團員們也開始分送糖果、禮物給小朋友，一個個稚嫩的孩童臉龐，充滿天眞笑容說著謝謝，還好奇地問著：「台灣在哪裡啊？」其中一位團員阿姨說：「台灣距離西藏好遠好遠……」

孩子們斜著頭若有所思，不解地笑著，對阿姨所說的遠近好像沒有概念。不過，相信稍後我們的「愛」，會讓他們感受到前所未有的熱情，與跨越疆界的「心」距離。台灣並不遙遠，

團友們一起歡笑中帶淚大聲齊唱著〈高山青〉，
獻給孩子們最深的祝福！

因爲愛讓我們近在「眼」前。

接下來，視障團員張大哥表達自己對拉薩盲童生活與教育的關心，也希望提供自己的經驗幫助他們，就這樣互動歡敘後，便與樂團成員一起合唱拉丁樂曲〈Tico Tico〉，用歌聲串起彼此的「心」橋梁。小朋友也用最熱情的小手，拍紅了掌心，來報答哥哥姊姊們最溫暖的「心」歌聲！

盲童小學的老師也立刻請班上來自安多草原的德慶玉珍同學爲大家獻唱，歡迎我們的到來，當她一開口，全場立刻瞪大眼睛，她高亢的歌聲眞是穿破雲霄，更唱出了她的「心」自由。看著她小小的瘦弱身軀，雖然眼睛看不見，卻有著最自由的靈魂，隨著歌聲在天地之間任意翱翔，當下我聽得滿眼淚光，那聲音至今還迴盪在我的耳邊，讓我永生難忘！

禮尙往來，我們也將代表寶島台灣的〈高山青〉一曲獻給孩子們，那些剛走進學校、原本臉龐還帶著堅硬線條的團員們也逐漸被彼此的愛給融化，跟著大家一起拍手、高聲齊唱，把來自寶島台灣人的那份善良濃厚的愛，毫無保留、全情釋放在歌聲裡！

這次在導遊童嘎的「天眞安排」下，讓生命中極不可能碰到的人相遇了，還擦出生命

（右）再見玉珍，十七歲已是發行唱片的藏族歌手，很為她開心。

（左）探訪盲童小學時，還是草原上的百靈九歲的小玉珍。

中最燦爛的「愛之火花」，成就一趟最美的愛心之旅。爾後，我跟團員們做說明、道歉後，也另找時間讓大家享受八角街的購物時光。可見，只要心存善念，最終萬事都能圓滿喔！

心中有愛便能光亮自心，照亮更多人

回台灣之後，有天在看電視，竟然又聽見那曾經激盪我靈魂的歌聲，那不是盲童小學的「玉珍」嗎！原來她上了「中國好聲音」，不僅唱出好成績，那穿透靈魂的天籟之音，同樣感動台下的觀眾們，讓大家聽紅了雙眼。

很多人說西藏是傳說中的人間天堂，到底人人所追求的「天堂」在哪裡？

我相信只要心中有愛，人間無處不是天堂。就像小玉珍的歌聲，足以照亮人心，是一道最燦爛、永不止息的光芒！

我也相信所有的人，都想盡自己一份心力，將那股愛的暖流注入孩子們的心房，讓他們感受到滿滿的愛與光亮；只要孩子心中有愛，便能光亮自心，照亮更多的人。

眞正的黑暗，不是雙眼看不見，而是當你心中失去了那道「光」，那才是眞正的黑暗與迷失。

祈願人人「心」中都能永保「善」之光，照亮自心，照亮衆生。

STATION 10

〈羊年轉湖〉

天空的寶鏡——聖湖「納木措」

八十五歲谷伯伯終於圓夢！
在海拔五千公尺上喜極而泣

還記得第一次與妳相遇，就讓我一眼傾心愛上。每回來去匆匆的我，總想再度回到妳身旁。而那一年，就在妳「羊年生日」的時候，我又回來了！這回終於有足夠的時間，可以癡迷凝望著妳。

當我對妳一往情深時，妳也從不辜負我的情；在妳眼中，我從來就沒有能瞞得過妳的心事，妳總是靜靜的、溫暖地懷抱著我，把我的心給淘滌清澈，讓我離開時身輕如燕、心寬眼闊。

我多麼羨慕眼前那英俊的「唐古拉」，能日昇月落地伴著妳。

「佛曰：留人間多少愛，迎浮世千重變，和有情人，做快樂事，別問是劫是緣。」註

這裡是雪域高原，星空最亮的地方；這裡是天堂腳下，人間最美的女神湖「納木措」，相傳喝下聖湖水，便能締結今生來世「愛的浪漫約定」，天下有情人無不嚮往之。而我對情愛無求隨緣，唯獨貪戀女神湖之聖美柔情。

＊註：摘自倉央嘉措《我問佛》一書

這一天，我與納木措女神有約，正準備帶著團員前往拜訪時，導遊卻開口說：

望著無際的藍海，妳就是令我醉淘心一夢千年的女神——納木措。

納木措合掌石——為天然形成，相傳此掌乃佛祖化身蓮師修行時合掌祈福萬物的顯像，能護佑眾生。

「孫董要有心理準備，昨晚拉薩下了夜雨。」

我回問：「然後呢？下過雨就下過雨，是要準備雨傘嗎？」

導遊說：「當然不是，是要準備B方案！因爲通常拉薩下過夜雨，納木措海拔高度近五千公尺，山上有可能下大雪時會封山，即便開車上去也進不去，不如現在就先改其他市區景點羅布林卡來替代，免得白上去一趟、空手而回，回來後其他景點也沒時間替換安排了。」

對我來說，這又是一個困難決定。若要省事點，就讓客人走B方案，安全簡單又沒爭議。但心裡不免替客人考量，如果這一生只來西藏一次，卻不去世上最美的天空寶鏡「納木措」，就如同來到西藏沒造訪布達拉宮、聖母峰一樣，將是人生一大遺憾啊！

我請導遊徵詢團員的意見來表決，頓時周遭陷入一片安靜，大家又把球丟給我——看孫董安排就好。於是我決定A方案。人生可以後悔，但不能有遺憾，也只有在風雨路上，才有機會看見霓虹吉光，我們決定歡喜迎接、擁抱生命中的每一道風景。

就這樣，大家以夢為馬，繼續往聖湖納木措的仙境傳說之路前進！看著窗外雪山巍峨，綠草如茵、野花遍地的羌塘草原上羊肥牛壯，青藏列車如巨龍般騰飛於山巒天邊，那畫面讓人內心震撼、澎湃不已。最終驕傲地來到生命禁區海拔五一九〇公尺的「那根拉山口」，竟忽然飄起了雪花，惹得大家一陣欣喜若狂；而當我們上車時，飄雪又嘎然而止。看來，幸運之神一路伴隨！

「羌塘草原」是世界上海拔最高的自然保護區，沿途風光壯美、景色雄奇。

而下過雪的天空，感覺觸手可及一般；雲朵就飄浮在額際，彷彿伸手即可輕易摘下，眞是一次不思議的天際旅行。那一刻，大家早已忘卻身處海拔五千公尺，難掩興奮地又跳又叫：「眞是太美……太美了！」

讓夢想的種籽在天堂發芽盛開

不料，團員中沒有家人陪伴、隻身參加的「國寶」——八十五歲的谷伯伯卻在哭泣……這一路上大家都很疼惜、照顧他，我跟團員趕忙上去安慰道：「伯伯怎麼在傷心呢？」

谷伯伯老淚縱橫地說：「謝謝妳讓我能有這個緣分參加，我這一生離開中國家鄉五十年了，沒想到還能來西藏，這是我一生的願望，我還願了，眞的高興、非常之高興！孫董，我感謝妳，我終於圓夢了，這一生隨時都可以離開沒有遺憾

「那根拉山口」海拔 5190 公尺，在此遙望納木措，猶如一面寶鏡嵌在天際，心裡會湧起無比遼闊的感動。

「轉湖」對藏民來說，相傳可得到無量的功德智慧，並能去除諸障煩惱，在湖畔不時圍繞著虔誠信徒在轉湖。

了，看到這壯麗河山眞的太美、太美了。」原來谷伯伯被眼前雪山、聖湖的美景所觸動，想起自己少小離家老大回，因戰爭而離鄉背井，如今深感年事已高，卻還能有機會重回家鄉的懷抱，不禁喜極而泣！

這也不禁讓我回想起年少時經常帶團出國或出差，一年待在台灣的時間不超過一百天，別問我下一站去向何方，因爲連我自己都抓不住自己，那如雲般飄來盪去的生活，總在不同城市之間飄移、轉場，經常醒來已記不清身在何處；每逢佳節或受委屈，更是撩撥鄉情、心弦易碎，一個人在飯店房裡獨自潰堤大哭……那時才發現自以爲瀟灑如雲的我，其實心中最渴望的下一站——卻是家！

因此，我特別能理解谷伯伯五十年來所積累的思鄉情懷。從那一刻起，谷伯伯激動流淚的畫面，一直深深銘印在我心底，也才發現看似簡單的緣分，可能並不簡單；路途中遇見的人，可能也並非無緣無故地相遇，而是一種命中注定的緣起緣落，看似輕描淡寫、擦肩而過，其實可能都是因緣相應。

一趟旅行之於我，是一個工作；但對於谷伯伯或任何旅客來說，可能是他這輩子最重要的心願與夢想的實現。於是，從那刻開始，這顆夢想與責任的種籽便在我心底扎了根！

原本來去如風的我，在不知不覺間，生活變得越來越有重量了——原來我的工作是可以讓人圓夢幸福的！一輩子是一場修行，短的是旅行，長的是人生。那一刻，我終於找到自己生命的意義：眞正的幸福，是來自於你能帶給別人幸福與快樂！不執著於得失或成敗，用出世的心，做入世的事。

這趟「鍛心」的旅程，讓我願揹起這份命中注定的緣分與責任，只爲讓所有夢想的種籽在天堂發芽、盛開，這是我平凡生活中，最不平凡的幸福！

轉湖轉念，一夢千年

湖濱上，藏族小哥揚鞭躍馬，牛羊湧動如天上飄落的雲彩，大家各自挑選駿馬神駒，朝向聖湖納木措扎西半島前進。拉著馬的阿佳拾起路邊小黃花，吹起了歡快的曲子，高亢

我多麼羨慕眼前那英俊的「唐古拉」，能日昇月落地伴著妳，妳是我心中最美的女神——納木措！

悠揚的歌聲在山谷間迴響，我們樂得開懷歌唱，一路上有藍天、白雲、美女、駿馬、聖湖、雪山相伴，在離天堂最近的地方，遇見了最美的時光。

一路風塵，一次擦肩，一世溫暖，念念之間，這如夢般的如來淨土，猶如天上人間，讓人不願醒來。

「納木措」是西藏三大聖湖之首，她的美，猶如仙女落入凡間的寶鏡。夏日時節，陽光在神湖上揮灑，波光粼粼、金光閃閃、耀眼動人；秋日時分，湖面平靜無波，彷彿一面能照亮人心的寶鏡；再多言語形容，也無法表達呈顯出她千萬分之一的美！

在西藏的古老神話裡，念青唐古拉峰和納木措不僅是神山、聖湖，更是千萬年來生死相依的戀人，具有非常神聖的地位。每到羊年，諸佛菩薩、天界神仙降臨在此集會，此時前往朝拜，轉湖一次勝過平時唸經十萬次。據說在其他地方，修行一百年就可以成佛的話，在納木措修行，只需彈指時間便可修成，加持很大！也基於此，「羊年轉湖」的信徒如潮如雲。

這回羊年轉繞神湖，是我第一次跟神湖獨處、同聲同息，全心地貼近與神耳語，更是一次淨化身心靈，與自心對話內省的過程。凝視一望無際的清澈湖水，看著浪花翻騰、潮起潮落，彷彿淘盡了心靈塵染，方覺行遍世間路，身卻似蜉蝣。唯有納木措，方能一夢千年，更珍惜著與天堂邂逅的每一刻時光！

留人間多少愛，迎浮世千重變，別問是劫是緣，妳是天上人間，最美的女神湖「納木措」。

拉多联校
NYPO

STATION 11

藏北羌塘草原上的希望小學

作秀本身並不可怕，
可怕的是在做秀之後，
你眞正做了什麼？

在通往聖湖納木措的路上，可穿越美麗的藏北羌塘草原，這裡能觀賞到蓮花生大師千年前所寓言之境——當青藏高原出現「鐵馬」，佛法將再度弘揚。世紀天路「青藏列車」飛馳進藏的最佳取景之地，沿途一座座金字塔般的雪山連綿至天邊，高原綠色地毯上散布著藏族牧民們搭建的黑色藏棚，炊煙裊裊升起，神氣的藏獒忠心守護著羊群家園，將天邊草原編織出濃濃西藏遊牧情調……

當我望著窗外，心已醉臥在這雪山遊牧風情之中，一位團員忽然喊著：「導遊、導遊，請問有機會去拜訪藏民住家或當地小學嗎？我們有準備一些小禮物，希望可以在途中分送給需要的藏族朋友。」

面對團員的臨時提問，正準備跟導遊討論沿途有無時間可以安排時，司機尼瑪開口說話了：「可以去希望小學，那個『扎西』不幹導遊，跑去幹援藏的愛心老師了。」我詫異回道：「眞的嗎？爲什麼……老師薪水很高嗎？」

尼瑪師傅繼續以他不流利的藏式漢語說著：「沒有、很少，他愛心。他學校一千二百元，在公司三千六百元還多！」

扎西是我們西藏公司的藏族導遊，前些時候放棄了人人稱羨、自由彈性、高薪的西藏導遊工作，跑到偏鄉去當「愛心老師」了。

聽尼瑪師傅這麼一說，更加深了我對扎西「轉彎人生」的好奇。除了想去學校送物資、關懷小朋友之外，更想與扎西碰面，了解他怎會願意拋下高薪工作，當起愛心老師的近況。

用愛心物資裝滿行囊

車子往海拔四七〇〇〇公尺前進。納木措雪山腳下的希望小學，是一座很簡陋的學校，外牆僅用石頭簡單砌起來當作校區。扎西接到尼瑪師傅的電話，知道我們要來拜訪，開心地帶著學生到校門口來迎接我們。

尼瑪師傅把車子停妥後，團員們拿著從台灣帶來的禮物，準備分送給小朋友們。正當大家準備走向學校時，團員陳媽媽卻不動如山地站在車門前，用手指著遊覽車下放置行李的門，示意尼瑪師傅打開，並請尼瑪師傅幫她把行李箱拉了下來。

我在一旁見狀，趕緊提醒：「陳媽媽，您只需把『要送的物資』拿出來，行李箱就可放回車上，不需要把箱子帶著走啊。」陳媽媽說：「沒辦法放回去，這個行李箱跟裡面的用品，我都要一起送給他們的。」

我聽了有點驚訝，脫口回道：「怎麼可能！那您自己平常要用的衣物與用品呢？」她回說還有一個裝七公斤的登機箱，自己要用的必需品都放在小行李箱中。當下眞是令我大開眼界，多數旅客光自己的衣物用品都埋怨行李箱空間不夠用了，竟然還有人將整個行李箱裝滿分送物資，帶來直接送人的。

尤其前往西藏高原，旅客行前總是憂慮天候狀況、衣物準備得不夠等問題，最後都是帶一大箱行李上去，結果有一半以上原封不動地帶回來。由此可見，連裝個行李都會讓人「煩惱、欲望無窮」。所以高原旅行前的行李準備，也是一門很重要的修心功課啊！

「裝了滿滿幸福、愛的聖誕車來了！」帶來讓孩子們甜心的糖果。

反觀陳媽媽自己都穿得不夠暖，寧可犧牲、壓縮自己方便所需，騰出更多行李箱空間，來裝入她滿滿的愛心，只爲了溫暖雪域高原孩童的心。我跟陳媽媽說：「難怪妳衣服都穿得不及格，問妳冷不冷，還一直說不冷，原來妳讓愛心佔滿行囊了。」陳媽媽卻說：「他們比我更需要，我自己一個人很好照料。」面對這樣的情操，眞的讓我肅然起敬。

再辛苦也要上學，才有機會脫貧

正當團員們開心拿著糖果、鉛筆、文具用品分送給孩子們，一張張靦腆的喜悅笑臉說著謝謝、謝謝……一位年輕男團員突然對著衆人大喊：「做秀！你們都在做秀！」面對這突如其來的爆衝，大家驚愕在地，現場陷入一片錯愕與尷尬。

老師見狀，趕緊先把孩子帶回教室。我正想上前了解這名男團員爲何如此觀感、怒氣沖沖的樣子，另一位團員吳姊卻智慧地把我拉住說：「這就是衆生相，妳現在別過去，以免引起他更多情緒語言，不知道還會爆出什麼話，讓孩子跟大家尷尬，我們不要被他影響，我們先跟隨老師進去學校。」

進到教室內環視一下，眞的只能用「校徒四壁」來形容，只有殘破的課桌椅，牆上釘著小黑板，地面就是土石草地，凹凸不平的中間放著一盆小火爐，裡面只透著微量火光，根本不敵教室內的嚴寒低溫。

我請老師介紹一下校況，這所學校位在羊八井，海拔高度四千多公尺，現在希望小學裡有三十八位學生，總共三個班……就在這時，一個小男孩揹著書包、一跛一跛地走進教室，好像是上學遲到了。

我好奇地問小男孩：「你的腳怎麼了？」

小男孩說：「上學走路……」老師接著幫忙說明，主要是因爲孩子們的家都在山後面，他們每天走路來學校需要一、兩小時，光是上下學，來回就得走將近四個小時，每天都要到十一點多，大家才能到齊一起上課；學生也常因路途太遠，在路上扭傷了腳。我請教老師：高山上的求學之路這麼辛苦，孩子們爲什麼還想上學？他說，高原牧民們深感不識字之苦，一輩子只能在山上放牧，寒冬來臨時又得四處遷徙，生活非常艱辛，不希望孩子跟他們一樣，希望孩子們念書，才有機會脫離貧困，過好一點的生活。所以再辛苦，即便心疼孩子，也會鼓勵他們要去上學。

老師接著介紹班上一位小女孩，她兩頰紅紅、眼睛大大圓圓，靦腆地看著我們。「她叫格桑，七歲，爸媽拋棄了她，獨自跟八十二歲的老奶奶相依爲命。牧區還有很多像她一樣的孤兒，我們都會盡力協助照顧。」

（左）高山上的求學之路環境艱難，而希望小學正是帶孩子們通往世界的大門。
（右）教室裡，學生們正在上課。

比起賺錢，幫孩子學習更有意義

大致了解希望小學和孩童的現況後，我問扎西可以提供什麼幫助？還有扎西怎會放棄高薪，想來這裡當老師呢？

扎西回答：「導遊有很多，遊客可以沒有我，但這裡的孩子卻不能沒有我。這裡太冷、太遠、太辛苦，老師都不願意來教書，比起只是賺錢，我覺得幫孩子學習這件事更有意義。」這些話從只有二十五歲的扎西口中說出來，讓我深深感動，更

五千海拔高山上牧民孩子們羞澀清澈的眼神，你們是格薩爾王雪域最美的驕子。

對他敬佩萬分。我接著問扎西：「那這裡薪水夠用嗎？」

他笑著說：「不夠。」孩子們上學是免費的，但扎西的薪水都要幫孩子補買一些添暖、學習或生活用品，經常入不敷出。除了跟孩子一起上課，更常一起撿牛糞生爐子，在寒冷天候中互相慰藉。扎西最希望的是，有一天能把校舍蓋起來，讓孩子們住校，再買一輛車子，週一接孩子們上學，假日送孩子們回家，幫助他們學習，讓孩子不用再那麼辛苦地走路上學。於是我開口跟團員們募款買校車，團員們也寒風送暖共襄盛舉，紛紛掏著口袋想集資、雪中送炭。

這時想起陳媽媽還有一箱愛心要分送，便請她打開行李箱，只見裡面裝了全新的布鞋有十雙，還有滿滿的全新筆記本、自動鉛筆、筆芯、橡皮擦、手套、襪子，就是沒有糖果，看起來是特別去採購準備的，而非用過的舊衣物。

陳媽媽的義舉真的很貼心，我問孩子們喜歡嗎？孩子們看著我們點點頭，格外的羞澀緊張。他們很少接觸外面世界的遊客，當下氣溫是零下十五度，看著地上的冰雪與身後寒冷無比的雪山，他們不僅雙手凍傷，身上的衣服太薄、鞋子也都爛了……立於冰雪之上，您能想像在這簡陋的教室與求學之路有多艱辛寒冷嗎？

看著他們一張張可愛的笑容猶如格桑花般嬌羞，身處寒風之中，卻依然昂揚！這裡有太多太多不同的孩子，卻有著一樣純淨的大眼睛，就像高原聖湖般清澈，只要靜心凝望著他們的雙眼，你就會知道，何處才是童話世界的入口！

高原上最暖心的巨人

在這雪山的深處，在這嚴寒的冬天，當冰雪覆蓋了大地的顏色，使這裡顯得那麼的寂寞、那麼的寒冷，而遊客們來到這裡，用他們簡單的行爲，去溫暖著這裡。哪怕僅是一點點金錢援助，積沙成塔，也可以用「愛」砌成屋瓦，爲孩子們擋風遮雨。因爲來到這裡的人，都是最善良的天使，他們飛越千山萬水，將一隻小小的筆、一顆顆糖果……分送給格薩爾王的高原驕子，剎那間，這片青藏高原似乎不再那麼寒冷，雪山也不再孤獨，因爲總有善良的人，會用他們最熱的掌心來融化冰雪，也帶給這片高原最暖的「心」冬陽。

「付出」不會讓你失去什麼，反而能讓你更加「富有」。當我們願意給予奉獻時，心會變得暖暖的，原本寒冷的冬天彷彿也升溫了，世界的經緯度也爲之改變！

在位處高山、資源貧瘠、環境艱困的學校中，可愛熱情的扎西老師將自己完全奉獻，用愛傾全心灌溉，讓孩童們成爲風中最堅韌美麗的格桑花。扎西是高原上最暖心的巨人，盡自己所能爲孩子遮擋寒風烈陽。

感謝扎西！是你讓我遇見這世間最珍貴的財富——那就是「愛」！

一場用愛串成的西藏之旅，融化了冰雪、超越了語言和信仰的障礙，這種珍貴的情感，讓我眞正明白什麼才是旅行的意義。

只要心中有愛，永保善良之心，即使西藏位在萬里之外的雪山深處，就算有團員覺得這樣的拜訪、關懷是一種作秀行爲……然而，作秀本身並不可怕，可怕的是在做秀之後，你眞正做了什麼？

那一天，當我看見雪山深處的純眞孩童綻放微笑，一朵朵溫暖笑顏足以融化冰冷的雪域高原，如果這是一場「秀」？相信我們做得眞心且值得！

西藏印象 *Tibet Impression*

西藏目前除了大城市外，高山偏鄉地區仍有許多孤兒、貧病兒童很需要幫助，如果您有餘力，無論是捐款或物資援助，歡迎在「西藏印象之旅」中，都可以隨心盡力，跟我們一起愛灑天涯，讓光亮之心溫暖孩童、照亮世界！

覆雪的羌塘草原上，更深的感受到「旅行的意義」用愛串成的西藏之旅，這份光熱足以融化冰雪大地！

STATION 12

尋訪靈童轉世神湖「拉姆納措」

前世，是一個謎；
來世，是一個期許

妳就像是我失散千世的母親、命中的導師，一路牽引著我，飛渡千山萬水，也要將妳尋到！這是一次召喚的旅程。妳以最隱藏伏藏的方式，卻仍散透著最強大的力量，即便什麼都不說，彼此卻心意相通，擁有千年的默契，無論有形風雨阻礙多麼強大，也要把我帶回妳的身邊。從那一刻起，妳我注定要在今世相遇，直到遇見妳的那一眼，百感的淚水在眼眶裡翻騰，強忍著不讓它滑落，就是不願讓妳看見我千絲萬縷的想念與脆弱！妳像是細心妝容過，如此美麗、滿臉笑意地展開雙臂將我擁入懷中，讓風雨飄蕩、跌撞得傷痕累累的心終於歸家了！我就這樣認眞靜靜地望著妳，向妳傾訴千年的思念，不敢眨眼，就怕一眼千年，別後，將不知何時才能再見。

每個人在生命流轉之時，或多或少都會遇上困境或難解之謎，尤其在徬徨無助時，甚或會藉由尋求催眠、觀想、靈修等各種方式來喚回前世記憶，以求解開錯綜複雜的人生密碼。而相傳在喜馬拉雅雪山中深藏著一座湖泊，擁有非常強大的神祕預知力量，她就是達賴喇嘛尋找轉世靈童的神湖，能揭開靈魂前世今生之謎的命運寶鏡「拉姆納措」。

她也是藏地裡最美的仙女，是人人崇敬的女護法神「吉祥天母」的寄魂湖。而之於我對於前生、來世向來無所好奇追尋；但之於今世，吉祥天母確實是讓我後半人生、在我走進大山後，一路深深感受她母親般的慈愛與護佑，讓我開啓智慧，能活出「心生命」意義的強大倚靠和力量。

生命中有許多旅程都是經過細心計畫而安排，但有一種旅程，猶如宿世因緣牽引帶你赴約，彷彿是命中注定，而「拉姆納措」對我就具有這般魔幻力量，總在不時地召喚著我！

與靈童轉世神湖的緣起

說起這份緣起，時光得倒流回到十多年前的冬天，當時西藏旅遊局來台灣推廣旅遊，局裡的領導有時會與我分享在各地深入考察風光的心得或趣事，當時讓我最印象深刻的見聞，是他曾考察過一處西藏的神祕之境，說是每世達賴喇嘛靈童轉世前，都必須到此觀湖以預示轉世後的降生之地。

還記得第一次聽到這個傳說時的我……笑了！我好奇地向領導問著：「您不也是無神論者，難道你還會相信『靈童轉世、前世今生』這類故事與傳說嗎？」當時他一臉正經地回答我：「小孫，我是堅貞的黨員，更是無神論者，但爲了支援管理當地，

「拉姆納措女神湖」裝載著無數湧動靈魂的祕密，尋求前世今生的命運寶鏡。

我還是必須得研究與了解當地宗教信仰，才能夠援藏呀。」

「那你到底相不相信這些傳說呢？」他很認眞地回答我：「我自己在湖邊考察時彷彿見到過。」一聽到這個回答，我的眼睛亮了，卻又笑了。

「看到過？呵呵……你幻想齁！」

「我拿『數位寶』給妳看，我有拍起來。」

心想領導一定是在開玩笑瞎說。用完晚餐，我跟公司同事小金一起開車送他回飯店，他開心地說

向神女湖上「拋獻龍達」，以示獻上最虔誠的敬意與祝願。

妳們上來房間，我開相片給妳們看。我心裡忖度著兩個女生一起應該很安全，便帶著好奇心隨他進房一探究竟。

他急著打開行李箱，找出「數位寶」——就是早期可以存很多相片的硬碟，也有展示播放相片的功能。他一邊找，一邊分享自己在各地考察的趣事心得，突然說：「就是這張，妳看，我拍到了！」我跟小金湊近一看，瞬間起了滿身雞皮疙瘩，還超有默契地將頭轉向彼此，兩眼對望……因爲我們倆都被眼前這照片景象給「睛」呆了！

我說：「這、這個……你是在問什麼，爲什麼會拍到這樣的畫面？」他說當時我只是坐在湖邊想家，相片中領導就坐在山口上，面向神湖，湖中升起層次清楚立體的白色雲朵，線條清晰，還有前後景深。我看見河流後面有一間房子，房子後面有清楚的山景，房子上面還有一隻鳥。除了清楚顯像的雲之外，天空乾淨，湖面寧靜，再無其他的雲海，眞的彷彿在示現應許他心中想像，那畫面也如實擊碎了我所有的科學知識與想像，讓人驚嘆西藏神的國度，竟是如此不可思議！若非親眼所見，實在很難讓人相信這「靈童轉世」的神湖傳說！

這也是我與母親湖初次相見的神奇緣起。爾後，我不禁猜想這照片，當初到底是要示現給領導看？抑或吉祥天母其實是藉由他來吸引、召喚我回家才是眞呢？這一切應該都是她展現神奇能量的巧妙安排吧。

不畏艱辛，只為看一眼前世來生的自己

如果說去旅行、去冒險，是為了遇見不曾見過的風景、經歷不曾想過的人生，那麼與妳的相遇相見，就是我所能想像最美麗的冒險。一切的起因，總有著莫名的前序，終於在「母親湖」的引領呼喚下，踏上這不思議的旅程。前往的路途並不輕鬆，一路上時而下著冰雹，時而飄著雨雪，路況更是崎嶇顛簸，要穿越「加查」（在藏語中，意指烏鴉也飛不過的山峰），山路不停迂迴著，艱險盤旋幾十個拐彎，人煙罕至，猶如深藏在雪域裡的珍珠。

雪域高原路途艱辛，有時眞的不解自己今生為何會情定西藏；也許上輩子是在天上犯錯的小仙童，今生只能輪迴在世間，一次次為妳而來。而這次為了見到妳，一路風雪來襲，無論最後妳見或不見我，妳永遠都住在我心裡。此行路雖遙迢，沿途景色卻綺麗萬分，足以讓人忘卻旅程中的疲憊。

不久，抵達神湖前方的停車場，下車時冰雹終於短暫停歇，若還繼續下著，除了路況泥濘難行之外，空氣中的含氧量會降至極低，上山之路將寸步難行。這一路面對風雨襲來，看著那化不開的雲，我很擔心此去能不能看到她；一路思量，一路回望。最磨心的是，明知有可能化成泡影的事，還非要懷抱夢幻；明知可能徒勞無功，卻還非要拚盡全力。若天氣依舊沒能轉好，眞的只能在山下遙想神湖了。

所以面對下車後、冰雹短暫停歇的瞬間奇蹟，更讓我不得不再次深信，母親湖是眞的

應許我們彼此的千年之約，展開溫暖雙臂來歡迎我的歸家！最後飛奔至母親懷抱的百米之路，我得靠自己的力量，徒步爬升至海拔五三一八公尺的轉世神湖「拉姆拉措」，也唯有翻越這座一百多公尺高的山才能到達湖邊。

而面對距離六百公尺、近八十度的高坡，海拔五千多公尺的大山，每走一步都像心臟掛了鉛塊，耳鳴、缺氧、心跳聲、喘息聲、回盪在山谷間，或許是對神女湖母親的思念嚮往之情，也讓自己那顆跋涉的心在大山裡穿行；雖然走在艱辛的山路上，靈魂卻像插了翅膀，身疲心卻不乏，趁著休息空檔回望來時路，彎彎曲曲的道路，眞是像極了人生！由此深刻感受到，唯有在飽受一番寒徹骨之後，才能體悟喜獲梅花撲鼻香的珍貴滋味。

帶著疲累、喘息的身軀，慢慢地爬升近兩個小時，終於到達觀湖的山頂，撥開彩色經幡和白色的哈達，驚見心中朝思暮盼的慈母被群峰環抱，像顆寶石鑲嵌在山谷之中。多少人爲了母親湖「拉姆納措」的神祕傳說，不畏艱辛千里而來，只爲了看一眼前世陌生的自己，以及未知的世界。而這轉世神湖命運寶鏡裡，究竟隱藏千萬年多少的祕密？承載了多少人的心願？

通往女神湖的天梯，堅持著心中的嚮往，
路便不遠了，身也會跟著心輕飛了起來。
在西藏要學會用心走路！

藏民們跪地虔誠朝拜，所有人都屏息凝神，默默合掌虔誠祈禱，企圖感動神靈，只想獲得一點關於命運的暗示。據說朝拜拉姆納措的有緣人，只要虔誠向湖中凝望，聖湖就能爲朝聖者顯現未來各種景象；西藏歷代尋訪達賴喇嘛、班禪活佛的轉世靈童前，也都必須到此觀湖來確定靈童降世的地理位置。

人生悟道三階段：勘破、放下、自在

在虔誠觀湖許久後，同行好友也彼此輕聲互問著：「有沒有看到前生來世的影像？」有人哭著說看到了牛，還難過地爲看見自己未來辛苦命運而流淚；也有人聳聳肩，有點失落地說什麼都沒看到。

坐在這裡可以看到靈魂在湖面湧動，看見浩瀚命運的前生來世。拉姆納措靜靜倒映著雪山和流雲，雲朵在湖水中千變萬化，在人們心中幻化成前世今生的故事。而這一次我終於得償所願，點點頭表示看見

在「拉姆納措」的觀湖台前，朝聖者會煨桑，祈求神靈降福指引命運。

了，靜靜地望著母親湖，彷彿讓我明晰了生死輪迴，身只是不停流逝的時光，不過是宇宙間的過客。前世我無念追尋，來世亦無所追求，只願今生做好功課，能無憾此生；倘若來日眞有輪迴，也能無愧前世，餘蔭來生。

西藏家喻戶曉的六世達賴喇嘛——情僧倉央嘉措曾說：「勘破，放下，自在。」此爲人生悟道的三個階段。但我窮其一生，也未必能參透。轉眼幾度春秋，當我回望那一世，三百年的紅塵輪迴，不過我一人而已，有人踏浪而來，有人乘風而去，幾多風塵不朽，我就在這裡，而我愛的人，便也隨我留駐在時間的長河裡。

前世，對每個人來說，都是一個謎；來世，對每個人來說，都是一個期許。然而，我們所能擁有的只有如電光琉璃般飛逝的今天。轉念想想，我們其實都只是活在當下，也唯有學會懂得珍惜眼前的生活，才能眞正讓自己超越前世來生。

祈願大家都能許自己這一生一次精采的旅程，莫忘初衷、點燃熱情、勇敢逐夢，創造屬於自己最美麗的幸福，才不枉今生！

西藏印象 *Tibet Impression*

西藏目前爲自治區，有許多風景區位處邊界，故有國防安全上之考量，隨時都會加強管制或列入禁止參訪區域。許多年前靈童轉世神湖「拉姆納措」尚未管制，但目前不對外國人開放參觀。因此在沒有解除禁令前，爲顧及旅客人身安全，請勿隨意安排前往。

STATION 13

地上銀河——聖湖「羊卓雍措」

逆境中乍現的曙光，
特別璀璨耀眼！

有些愛無法離開，有些情無法忘懷；那謎樣般的深藍，那震撼人心的美。

每次來到妳美麗純潔的身邊，都被妳無窮魅力所迷惑，默然、相愛、寂靜、歡喜，靜靜的、只想賴在妳身邊，然後沉醉在這溫柔鄉，不知歸途。

陽光下，妳身著華麗的水晶舞衣，翩然起舞，如此光燦耀眼動人，任誰也逃離不了妳醉美的誘惑；如果不曾相知，又怎會受著相思的熬煎。

愛情就像夢，足令我們在今生和前世之間輪迴一次。

愛有多深，湖就有多遠；情有多遠，湖就有多長。就算穿越夢境，也要將妳尋到！

妳是天上人間，我心中最美的女神「羊卓雍措」，讓我住進妳心裡。

羊卓雍措，藏語的意思是「碧玉湖」「天鵝池」，它是西藏三大聖湖之一。宛如天上仙女下凡，婀娜身

冬景「羊卓雍措」碧藍如洗、仙氣繚繞，似銀河般披掛在天地之間，夢境般的景色如此迷人。

姿，長袖輕擺，隨風飄盪，湖水在群山中蜿蜒著，若隱若現，空靈超脫。

幸運的我，曾領略過羊湖千嬌百媚的四季風情——春天，羊湖旁綠草如茵，水鳥在柔軟的湖水中自在優游；夏季，藍綠色的湖水特別漂亮，山下還有讓快門卡嚓不停的黃澄澄油菜花田；秋日，在陽光的照拂下呈顯絲絨般的藍，讓人滿眼迷離；寒冬，羊湖旁的山頭覆上白雪，猶如置身仙境般，令人沉醉其中。

想要領略大山大水的美好，也相對必須戰勝挑戰。通往羊湖的山路，路途相當蜿蜒曲折，需緩慢爬升、盤旋而上，才能緩緩駛向仙界。漸漸地，眼前觸手可及的雲海已和我並肩齊行，這種慢慢靠近的感覺，過程相當玄奇美妙，好似害怕驚擾女神一般。

就在行近最高處四七〇〇公尺的岡巴拉山口時，四周早已被層層茫茫的白雲給包圍得伸手不見五指，我們像是誤闖天國的結界，如此神美而不可言語——這裡也是俯瞰羊湖醉美的取景處之一。

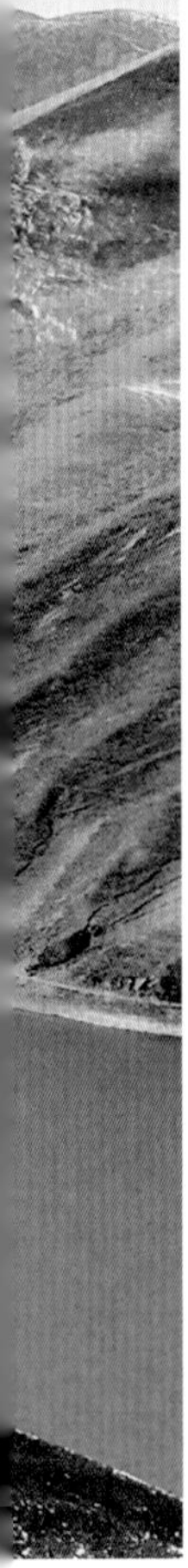

等不到美麗的身影

雖說觀景也得靠運氣，這卻是我生命中最需學習破除我執的功課；即便自己早已看遍仙境中春夏秋冬的每道風光，但面對一生中可能只有這次機會，好不容易鼓起勇氣、滿懷欣喜期待的團員們來到西藏，就在前往景區前的緊張時刻，心裡總會升起莫大的壓力與期待，好希望天堂笑顏的畫面可以停格，讓每位團員到訪時，都能親眼得見與感受到；我曾經歷過所有的美好與感動，因而不希望有任何美景錯漏或遺憾，這也是每次領團時最感煎熬的無明輪迴功課。

就這樣，領著全團旅客滿心的期盼來到觀景台山口，一起尋找她的芳蹤。然而眼前的羊湖呈顯我不曾見過的容顏，仙女看起來心事重重，彷彿是受了委屈、心傷的孩子，只想把自己深藏在絕黑孤寂之中，隱身起來不願讓任何人發現。女神把自己深鎖在厚重的雲海裡，讓人望眼欲穿，遍尋不著她美麗的身影。

聖湖上面佈滿雲海，很難憑空想像下面是一條連接天地的銀河。看著團員們滿臉失落的神情，我的心也跟著下墜。不過我提醒自己，此時此刻，我是團員們身心最重要的倚靠和支柱，無論眼前遭遇多大的問題和挑戰，仍要堅強面對，永遠保持正面積極的情緒；即便置身風雨中，也要以期待明媚風光的心情，鼓勵團員在諸佛的國度享受洗禮滌淨，喜迎風雨驕陽，要相信一切都是最好的安排。

「羊湖水草肥美」，趁冬冰封前，牧羊人帶著羊兒好好飽餐渡寒。

「羊湖邊的阿媽啦」抱著剛出生的小羊，為她細心妝點，吸引了無數遊客的憐愛，成了湖邊最美的「萌」經濟。

用誠心祈請神湖示現

「在西藏一日四季，女神可能害羞、暫時躲起來了，大家要把握當下，享受眼前的美好，湖邊有藏族人細心打扮、撒嬌出生幾天、繫上紅色辮子的小羊，既可愛又楚楚動人。也有貌似威武小獅子的藏獒，已馴服得比綿羊還溫柔，可以依偎在你懷裡；還有打破眾人想像、全身雪白的藏地氂牛在湖邊辛勤打卡上班，大家可以趁機做高原動物的好朋友，拍照留下美好回憶，說不定稍後天氣好轉，待雲霧散開，就有機會見到傳說中美麗的羊湖女神了。」

就在我熱情招呼大家後，團員們的眼神逐漸轉亮，個個像大孩子一般熱情被點燃、玩性大發——有人做勢跟氂牛玩親親，還有團員把頭緊貼在比自己臉還大的藏獒懷裡撒驕，先前的失落暫時被忘卻拋開了！

然而，我卻難捨、執著地望著神湖，靜靜祈請著，盼望女神能笑逐顏開……團上有幾位隨行的師父見我一人在神湖邊，便好奇走近探問我口中念念有詞到底在做什麼。我笑著說沒有啦，就在忙著「臨時抱佛腳」，祈請女神能示現，讓我們可愛的寶貝團員都能有幸得見她的仙容。畢竟西藏是神佛的國度，如果能虔誠祈請，說不定我們可以用誠心感動神湖。

藏獒，是牧民們最忠心的家人。

師父們一聽便說，妳一個人力薄，也得我們一起加入祈請，才更誠心十足、願力更大。於是從我一個人變成七個人，直到全團見狀都一起加入，站在湖邊誠心祈禱著。約莫十五分鐘過去，我看了手錶一眼，收隊的時間到了，不然接下來的行程會走不完。看著神湖沉默依舊，只好安慰團員：「大家和西藏緣深，希望以後再來與神湖續此未了情緣吧。」

心念一起，天地皆知

又是一陣難掩失落的轉身離開，讓我看得好揪心、難受……而就在大家上車、準備離去時，車外突然有人開心大喊：「開了、開了，羊湖要出來了！」

難道是溫暖的女神應許了我們虔誠的呼喚？我往回走去查探，朝羊湖望去，湖上的雪山眞的穿雲而出、漸露湖面，我興奮激動地奔回車上，請團員趕緊下車目睹神蹟！這神奇的景象……可是在拍電影嗎？

眼前的雲海就像海浪一樣，如同《聖經》中的摩西分紅海，向左右兩邊翻騰劃開、一分爲二，那彷彿通往天際般的銀河羊湖，蜿蜒的湖面終於從羞澀、若隱若現，漸漸展現她S形般妖嬈的曼妙身姿，蔚綠湖水彷彿訴說著她的純潔，起伏的山丘也擋不住那不可玷污的神聖，靜靜躺在山間，就像天堂的藍寶石，也像天上的明鏡照亮人間，美得毫不自知。

天和山，將一湖的雪水盡情渲染，而我們心甘情願地沉醉，一切彷彿電影世界才會發

雲霧繚繞的「羊湖」若隱若現卻不失神美，一樣令人迷醉、怦然心動。

秋景－藏族人心中盛讚的「羊湖」是碧綠的天鵝湖，更是上天賜予人間最美的「水」。

生的奇蹟，竟然夢幻般地在我們眼前眞實上演，這已然超越想像，堪稱上天恩賜的奇景！

大家一起見證天神國度的奇蹟，更被大自然的力量所震懾！有人感動得邊笑邊哭、喜極而泣，有人像孩子般欣喜若狂、跳躍歡呼；這也讓理性的我，在這諸佛的國度中親眼見證「心念的力量」——心念一起，天地皆知；心念變了，氣場就變了；氣場變了，命運也就跟著改變。

由此可知，改變命運眞正倚靠的是自己的正能量，心念匯聚的虔誠，會與天地共鳴連結。感謝上天諸神所賜予的奇蹟課程，讓我們從滿心期待到失望落空，才習得原來——「不再執取有無，反而驚喜連連」。這就像人生即便陷入黑暗無光的困境時，也要學會轉念，懷抱樂觀、積極向上的態度，一旦機會來臨才能做好準備，迎接逆境中的曙光，將更顯璀璨珍貴！

西藏印象 *Tibet Impression*

羊卓雍措，在西藏是不能錯過的「措」，是天堂獨有的顏色，沒有激流波濤，只有波平如鏡的水面，倒映著對岸的風景，讓人不禁幻想水面倒影中是否存在著另一個世界？從高處俯瞰羊湖，恍若一條碧綠的腰帶盤旋在山間，景色美到讓人想永生永世醉臥於此。

在此拍照要特別小心！拍攝湖面美景時，若不經意將藏獒、犛牛攝入鏡中，可是會被藏族索討他們動物寶貝的肖像權，當地經常因此引起不小紛爭。位處高海拔地區，千萬不要費力與當地人發生爭執，容易引起高山反應。建議可先議好價格，便可安心拍照留念，以免當地藏人索討誤拍費、喊價更高而影響旅遊心情。

STATION 14

在世界之巔，用「心」看見七彩珠峰

世界沒有到不了的地方，
只有不願意出發的心！

紅塵有夢，歲月迷離。一念起，萬水千山。
生命是一場美麗的邂逅，所有相遇都是注定的重逢；
歷經千迴百轉、跋山涉水來到你的面前，只爲覲見。
清晨在一道溫暖金光下，驅走一夜峰頂極地的嚴寒，
歷經徹夜想妳的夜晚、終獲疼惜，妳將我親吻喚醒；
當我滿眼惺忪睡意未卻，只見妳一身雪白光芒耀眼，
像女王般威儀卻溫柔慈祥，在我窗前靜靜凝望陪伴，
那一刻幸福來得太突然，恍如夢境般讓我又驚又喜。
再見我魂縈夢繞的珠峰女神，讀妳千遍也不讓人倦；
想念妳的傾城日光，妳是無與倫比、美麗的珠穆朗瑪！

夜裡「珠峰」猶如銀河般璀璨星河、感受「心動」時光。

若不曾到過珠峰，你不知道你離天堂原來只有一步之遙，可以如此之親近。

傍晚，當群山慢慢籠罩在黃昏之中，珠峰之巔在夕陽餘暉下，那如生命之火般飄蕩的珠峰旗雲，就像女神的金色皇冠在天空中閃耀，夜幕低垂寂靜的珠峰營地裡，這個世界彷彿悄悄爲我靜下。望著窗外星星點燈，幸運時能看到繁星萬點、流星飛竄，伴著月光一起照亮山谷。在宇宙銀河下仰望，與星夜語，靜心感受靈魂的純粹。

（左）在加措拉山口上，可懸掛上經幡祈願。
（右）加烏拉山口，清晨五座八千公尺仙女峰齊顯像，讓神山親吻的晨光、加持滿滿太幸福了，而腳下是通往世界巔峰 S 形的髮夾彎，非常壯美吧！

趁著清晨天光未現，帶著徹夜興奮期待的團員們邁向人生巔峰——珠峰大本營！不過登天之路並不好走，路途最後仍需翻越一一〇公里的山路，尤其這段山路顛簸不平，就像是開在「搓衣板」上的碎石路，坐在車內眾人也不寂寞，一路跟著車身搖晃舞不停，可眞是最佳的「減肥公路」，每次上珠峰回來都要抖掉五、六公斤重量。而這條曾經最爲艱辛的通天之路，現在也成爲遠古傳說了，近來在中國大力援藏開發之下，已將天路修建成坦途，如今華麗變身成爲閃亮的黑金柏油公路，車輛行駛在上面非常平穩舒適。

一路翻越海拔五千公尺以上的山口，來到加烏拉山五一九八公尺觀景台停下，在此可看見珠穆朗瑪峰矗立於萬山之巔的雄姿，團員們早已被這迎面而來的景象給震撼「睛」醒，看著百里之遙的雪峰在雲中沉浮著。五座世界上最高八千海拔的仙女峰——希夏邦馬峰、卓奧友峰、珠穆朗瑪峰、馬卡魯峰和洛子峰，群峰展姿，就像水墨畫卷般在眼前緩緩開展，那連綿群峰氣勢磅礴，波瀾壯闊，景色雄奇，靄靄峰頂似乎已貼近天堂，吸引無數人跋涉千萬里來到這兒，只為了爭睹她的仙容。

此時有些團員早已激動得滿眼淚光閃閃，並將滿滿感動心語書於經幡，請藏族阿哥幫忙掛在埡口寄語風中，相信五位仙女齊佑，一定更是加持滿滿，幸運滿滿。

大夥繼續前行。正逢初春，鏡天無塵，盡享山岳之美。回望那壯麗宛若飄帶的山景，層層疊疊，九彎十八拐的蜿蜒來時路，猶如人生旅程，哪怕曲折難行，荊棘滿佈，也要勇往直前，等待迎接生命中最耀眼的鮮花盛放、日出瞬間。不只有我，但凡走過的人都會相信這是一條讓自己體驗深刻、最神奇不凡的天堂之路。珠峰路上還不時遇見攀附在懸崖絕壁上的登山高手岩羊，與喜馬拉雅山獨有的可愛雪雞，給高原帶來生機與活力。頓時，車內忽然人聲沸騰、歡呼四起，經過一路顛「瘋」的旅途，我們終於抵達珠峰大本營！

在世界之巔享用暖心晚餐

襯著星幕月色，珠峰披掛著雲彩若隱若現，不久便隱入雲中。入夜，基地營裡開始寒風冷冽，趕緊帶著不捨美景的團員回到下榻的珠峰觀景台賓館取暖、用餐，這裡不僅具備最好的住宿條件，更棒的是，還有滿天星的珠峰觀景房，窗外有日月星辰珠峰為伴，二樓餐廳還有火爐供大家取暖。由於高山物資稀缺，通常只有泡麵可吃，但今天廚房為大家準備一碗素白麵上加了黃金玉米與白菜當晚餐，就這麼簡單熱呼呼的一碗高山麵，竟擄獲了大家的心！能在世界之巔享用如此暖心美味、最有人生高度的幸福晚餐，團員們都非常珍惜，心裡除了滿滿感動，更佩服藏族人能在如此嚴峻的環境下生活，也因此讓我們更加惜福。

忍著急劇下降的氣溫，來到賓館天台上，再一次遙望、感受夜色中寧靜的珠峰和滿天星斗。星河雖美，還是不敵冰寒大風襲來快變急凍人了，大家陸續回房休息。置身海拔五二八〇公尺的夜晚，半夜大雪侵襲，溫度降到零下二十多度，像睡在冰箱裡好凍，我讓服務員多拿兩條被子給我，蓋上之後以爲可保暖好睡，沒想到心跳逐漸加快，幾乎讓我喘不過氣……

原來棉被是傳統厚被，不是羽絨輕被，光重量就壓得我缺氧，只好自己求生，把行李箱的厚衣物都穿戴起來，光羽絨衣就穿了兩件，外加發熱保暖貼，變身爲米其林寶寶，再把傳統的厚重棉被當成床墊用，卻忘了來來回回甩棉被、鋪床這些劇烈耗氧的動作，在五千海拔是禁忌啊！我每天叮嚀大家心慢則快，要像太空漫步那樣……看來「老師傅」還是大意了，只好接受高原小禮物，輕微的高原反應讓我頭疼地躺回床上，閉上雙眼，滿心期待日出時分送暖到來，才漸入夢鄉。

（左）珠峰日落金山，只要天氣好時在大本營前，是拍攝落日的最佳取景角度之一。
夜裡高寒低溫注意保暖，以免失溫嚴重高反。
（右）世界最高的晚餐，一碗雞蛋麵、一盤青菜，卻讓人珍惜難忘。

高原上只要有暖陽升溫，含氧量便會提高，「高反」也可獲得緩解，甚至不藥而癒。終於越睡越暖，一轉身卻被披著金冠、臉上一抹淡紅的珠峰女神，透著窗，在我眼前閃耀、輕輕將我吻醒，這是何等幸福啊！那樣的溫柔住進心裡，難以忘懷，多想永遠賴在妳身旁，才能好好把妳仔細看個夠，就算讀妳千遍我也仍然心醉。

最佳季節，喜遇登山者的嘉年華會

起床梳洗準備、和團員們用完早餐後，我們首先來到世界上最高的珠峰大本營郵局，這裡販售各類明信片、紀念郵票，還有蓋紀念郵戳章等服務。有機會來到世界之巔，別忘了寄張明信片給未來的自己，回憶巔峰之旅，感動生命的重要時刻喔～

緊接著，在郵局前面排隊準備搭乘「衝浪環保車」，這一路幾乎是在巨石陣浪中彈跳前進，來自世界各國、此起彼落的尖叫聲沿途伴奏著，約莫十五分鐘後，抵達

「珠峰基地營」前的登山者在此紮營做高度適應，與登峰的訓練。把冰冷高原妝點得熱情非凡！

所有登頂者的前哨站——珠峰大本營前。一下車，迎接我們的竟是「大眼雪怪」，大家亦步亦趨、好奇地走近察看，只見一雙晶亮黑眸子洩露出牠的身分，原來是全身被一夜白雪給覆蓋的黑犛牛，儼然成了眞正的「雪山犛牛」，可能是害怕耗氧，一直「不凍如山」，靜靜地隱身在雪堆上，成了珠峰奇景之一。

大家來到五二四八公尺的石碑前打卡，身後的珠峰女神此時隱身在雲中，只微露頂峰。一路跋涉疲累，都爲了這一刻！女神的日出耀眼，彷彿特意爲我們的巔峰之旅做見證。大家興奮不已，當屹立於冰天雪地神山面前，內心竟情不自禁升起此生最不平凡的驕傲與無比成就感，實在太幸福了！

大家繼續前進營地，但需翻越眼前的小山坡，身處在五千海拔之上，即便是地上一小步，都彷彿是登天一大步，眞的是舉步維艱，很喘！但有心不怕難，只好發揮太空漫步，調整呼吸緩步前進。山坡上有隻大黑狗威風凜凜地坐著，彷彿像地標一般在召喚我們，居高臨下地幫我們打氣，這對我很有用，我深呼吸、加快腳步朝牠飛奔而去。

一到達頂峰，放眼望去廣闊的大營地，遇上了登山者的嘉年華會，滿是密密麻麻五顏六色的帳篷，全都是來自世界各地的登山好手，將營地點綴得生氣蓬勃、熱鬧非凡。在四月造訪，適逢登峰旺季，登峰選手都會選在四至五月或九至十月，氣候、溫度、風速相對穩定、

「珠穆朗瑪」夢開始的地方，屹立在地球之巔、萬山之尊、令世人心馳神往的夢想終極地。

這兩段最好的季節，作爲攀頂珠峰海拔八八四八公尺的最佳時機。站在海拔五二八〇公尺處仰望巔峰，即使此生沒有天分登頂珠峰，但能躬逢其盛、親臨聖地，也此生足願無憾了！

連狗狗都被眼前的景色迷得走不動路，這樣安然的守望著神山，當聖潔的陽光遍灑潔白珠峰之際，原先羞怯未展露全貌的珠峰女神，終於在我們的企盼下，雲開霧散，一展眞容。感謝神聖的女神以最美的仙姿擁抱我們！她距天那麼近，離紅塵那麼遠，在最後一刻還是美麗綻放了。輝煌壯麗的金色珠峰就聳立在眼前，感動、激動、團員們興奮得無以言表。

用「心」所見的世界，綺麗無邊！

返程路過距離珠峰大本營八公里的絨布寺——世界上海拔最高的寺廟，也是拍攝珠峰全景最佳取景地之一。眼前珠峰顯得如此巍峨壯觀，能看見峰頂的雪峰，彷彿直擊藍天，藍天下的白雲時不時的移動，讓雪峰若隱若現，特別漂亮。

此時太陽升起，正當大家盡情享受著暖陽、欣賞珠峰之際，我在一旁關注著三位視障團員們——他們在珠峰上，彼此手牽著手，在絨布寺前沿著牆邊慢慢探索前行，並且雙手不時去輕觸瑪尼石堆，細細的去感受著大地的每一寸肌膚……聆聽身旁的人興奮激動地讚嘆珠峰之美時，他們仰著頭，彷彿也在享受著珠峰女神的親吻！

就在其他團員分享著眼前壯麗的珠峰景致、震撼感動時，一旁剛好有當地媒體看見三位視障團員，對於他們如何觀賞珠峰也份外好奇，便想邀請他們接受採訪。

在一旁的我聽了也點燃好奇，雖然滿懷使命要幫他們圓夢，但即使如今真的帶他們登上珠峰基地營、當大家都在尖叫歡呼讚嘆珠峰之美時，他們是否真的願望成真了？這一刻他們真的感到開心嗎？他們何以真能如願看見珠峰女神？這也是我一路的心中之謎，卻一直不敢開口詢問。

沒想到當地媒體比我直率多了，而三位視障團員也無比開朗地答應接受採訪。他們訪問團員之一張大哥：「請問您看到的珠峰是什麼樣的？此刻心情如何？」不料張大哥反問道：「你們看到的珠峰是什麼樣的？」媒體說：「是白色的金字塔，非常壯美。」張大哥卻說：「你們看的珠峰，怎麼跟我看到的不一樣？我看到的比你們漂亮得太多了。」

這句回話確實讓我在一旁聽了都瞠目結舌，媒體人員也同樣驚訝地望著他。畢竟就我們所理解，張大哥的世界應該除了黑還是黑，怎麼可能會比我們看到的更漂亮呢？

媒體繼續問張大哥：「你看到的珠峰，如何比我們看到的還漂亮？請您形容一下，讓我們知道到底是什麼樣子的？」

張大哥說：「我看到的珠峰是『彩色』的，

「珠峰帳篷」前做生意人家的藏族小娃超吸睛，幫家裡招來許多遊客。

有七種顏色，最上面頂層有金色的光芒，你們看到的只有白色，很單調很冷，我見到的峰頂是金色、很溫暖的，而珠峰身上還環繞著七彩光芒，她讓我心裡有種充滿幸福與希望的喜悅。」

聽完張大哥描述的「心珠峰」，充滿夢幻浪漫、幸福無極限，我想這眞的是世界上最完美的珠峰女神。眞想將張大哥心中的七彩聖母峰畫出來，原來用「心」所見的世界是綺麗無邊的！

看見最美的「心勇氣」

原來走進西藏，用「心眼」看，見到的風光是獨一無二、超越想像的。而我們早已習慣用「眼」，以爲能看盡世間美麗，卻往往只是看見眼前的表象，卻忽略用心去感受，

與「生命勇者—啄木鳥視障者樂團」一起登峰造極，用「心」看見七彩珠峰。

才可以豐收最深層的底蘊。看見香格里拉的最高境界，應該就是「心眼合一」，才能眞正看見。如果說眼睛是靈魂之窗，那麼，「心」才是開啓靈魂之鑰吧！

此行讓我最感震撼的不是珠峰之美，而是看見最美的「心勇氣」！一路上我帶著滿滿的心疼與疑惑，尤其前一晚視障者團員小茹還發燒到四十度，隔日仍然堅持不放棄，要前往珠峰。小茹讓我看見——世界沒有到不了的地方，只有不願意出發的心。西藏這個傳奇之地，得要有超凡的勇氣、足夠的毅力和堅定的信心才可以到達；儘管雙眼看不見，心卻無比光明，看她無畏身體高燒病痛，依舊熱情擁抱夢想，勇敢挑戰極限與堅強的意志力，終於如願登上世界之巔，用心去觸摸天堂！

看著他們手牽手，克服萬難，與身心體能上的不適，一步一步地用他們的心，飽覽珠峰之美，那畫面深深雋刻在我的心。他們對夢想不妥協，那份必須養成的勇敢、樂觀、善良、無畏之心，將生命的精彩發揮到極致！他們也讓我看見心自由了，眼睛便不會成爲障礙，還是可以透過耳、鼻、舌、身、意等感官，去盡情享受、擁抱天地之美，原來身心靈的富足，不是用眼看，而是要用心看，才能心豐收。這趟心靈之旅，讓我學會用心看世界，更加珍惜所有。

西藏印象 *Tibet Impression*

珠峰觀景台賓館已拆除，基地營目前住宿選擇只有絨布寺及帳篷客棧，其條件不佳且海拔高，短天數不建議住宿於此，容易發生嚴重高山症。建議可選較低海拔住宿點入住較適宜。若旅遊天數較短、在十二日以內，不建議安排珠峰行程，易有高原反應。

STATION 15

〈馬年轉山序曲〉

親臨十二年一次，最殊勝的馬年轉山之旅

「岡仁波齊」是宇宙的中心，
更是靈魂通往天界之梯

西藏古諺有云：「不是每個人都有福緣轉神山，能去轉神山，是神山對他的恩賜，是他靈魂的命令。」

天堂地獄，咫尺天涯——岡仁波齊「馬年轉山」，又像是佛祖的召喚，只要是神的孩子，都要回到佛祖懷抱，對虔誠信仰者是最重要的一年。

若說西藏是世界的屋脊，那麼，阿里便是屋脊中之屋脊！在這世界屋脊中，深藏著充滿神祕能量與傳說的神山之王「岡仁波齊」，相傳祂是宇宙的中心，有著不可思議的能量，更是不分教派——苯教、印度教、藏傳佛教、耆那教各大教派——爭相聲稱這是他們教派所信奉的神山，都說這神山之上住著他們最大的「王」與「神祇」。

更有科學家說，神山之上隱藏著一條逆轉時空的走廊，希特勒曾經派遣一千多名士兵前來神山之下找尋祕密通道，企圖回到過去，改寫打過敗仗的恥辱。這些眾說紛紜的神奇力量與傳說，更添增神祕色彩，讓眾生心馳神往、傾心不已。

爲什麼要在馬年轉山？《大藏經．俱舍論》記載：印度往北有座須彌山，相傳在佛祖誕生的馬年轉山一圈等同十三圈，增加十二倍的功德，並洗盡一生罪孽，可五百輪迴免下地獄之苦；而轉山百圈可在今生成佛升天。千百年來，朝聖者絡繹不絕；藏人一生當中最少要轉山朝聖一次，次數越多越表虔誠，更加展現他們將生命完全奉獻給天地的信仰情操。

嚮往朝聖之路的人衆多，但眞有勇氣、又能被神所揀選，幸運在馬年走上這條艱辛卓絕、充滿神聖轉山之路的人，卻少之又少。而我又爲何走上這趟轉山之路？在全程三天、長達五十三公里、位處五千海拔高度的轉山之路上，又將與誰相遇？

我總心心念念、記掛著要回去看祢，尤其今年是祢最重要的生日，除了天上十方諸佛天界神仙降臨護持慶賀，地上人間也萬分嚮往地朝您湧動奔去。

出發，轉山去！深刻體悟世界沒變我變了！

就在期盼之際，卻接獲管制訊息：「由於今年爲十二年一度的阿里塔欽宗教轉山活動，前往阿里朝拜的信徒人數將會激增，塔欽接待容量小，基於管理因素，四月二十四日至八月三十一日期間不對外辦理前往阿里的邊境通行證。」

所以即使對祢萬分想念，也只能因緣隨順。此行看來雖說成行機會希望渺茫，但其實心裡還是泛著陣陣不能言說的把握與信心，那是一種與祢有著妙不可言、很強的心電感應，也是執筆此書前從未曾洩漏過的心機祕密，我總覺得祢會駕著七彩祥雲，千方百計、不顧一切的來帶我回家……

果然八月傳來好消息！入藏證全數批核了！感覺自己就像是上天所揀選的幸運兒，是

岡仁波齊神山北壁三座山峰，為三怙主，代表以慈悲、智慧、力量守護著眾生。

神山寶貝，讓我幸能再重回您身旁，親自爲您慶生。

感謝諸神！讓我們五十五位神的孩子幸運獲選，能順利重回神山與佛祖懷抱，親臨十二年一次、甦醒五官六覺，圓滿這趟最殊勝的「馬年轉山——滌淨重生之旅」。

予人幸福比光亮自己更歡喜

還記得第一次相遇，祢的容顏便深深印刻在我心——那時天幕將盡，祢頭戴金色皇冠，英姿颯颯，有著王者天下的胸襟氣宇，滿溢著仁者之光，卻無半點傲氣。我就在祢座下雙手合十，靜靜凝望著祢；雖然祢靜默不語，但刹那間卻感覺

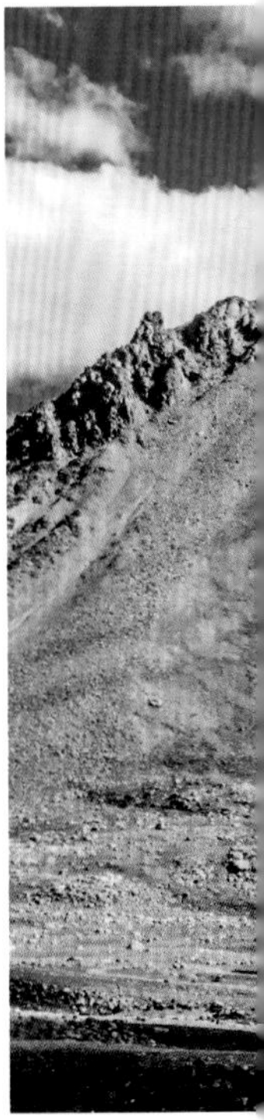

有股強大電流觸到心間，那股能量就像是慈父般傾情陪伴，默默溫暖守護的力量，如此隱密卻又眞實地讓我安信無比，至今未曾稍減。

但此行不似以往，終於不再是一眼未盡、來去匆匆，而是在祢神聖召喚安排下，擁有三天與您日夜朝夕相守相依，這也是我所經歷過最銘心入魂，此生奢侈難忘的歡快時光。

再度重回祢溫暖懷抱以前，我從未意識到自己就像水晶音樂盒中的旋轉木馬，早已習慣被一次又一次上緊發條、不停旋轉，日復一日，朝著人人稱羨的生活方式運行生命，過著自以爲貌似幸福的安全人生，才發現自己原來就像沉睡了千年的靈魂從未被喚醒，直至於此重新點燃，我才眞正找回屬於自己的靈魂與生命中的草場，讓我自由奔馳飛放，如此淋漓盡致，更發現一個從未「預見」過的自己！

「岡仁波齊」，祢是衆人心中的神王、宇宙的中心，更是靈魂通往天界之梯，如此神聖不可侵犯，千百年來，多少人轉山轉水轉佛塔，只爲匍匐在祢的腳下祈求引領光明。而之於我對於自身早已心豐無求，從未帶上任何盼望的來到祢身邊，卻獲得祢所賜予今世最貴重的禮物——讓我超越極限、破繭成蝶、重獲新生，找回全新淨化的自己！讓我更加明心滌悟、在人生旅途中不再迷失，更習得「予人幸福比光亮自己更加歡喜圓滿、得樂自在。」

STATION 16

〈馬年轉山 Day 1.〉

轉山之路上「見自己、見天地、見眾生」

塔欽——經幡廣場——

止熱寺 海拔 5210M 路程 22KM

我，今生對佛虔信，但求心不求佛。
轉山之於我，是一次心的內轉時光，人隨山轉，讓我心至靜悟，心智盡開。
有些人，在你的生命中停留許久，卻會漸漸淡忘；而有些人，或許只是你生命中的匆匆過客、再難相見，卻永生難忘。
千山萬水，萬水千山，唯有來到阿里，才能見到千山之王。這一路上，不要問山有多高，路有多遠；在這佛光閃耀的高原聖地，珍惜讓我們再相遇的緣分，一起轉山轉水轉佛塔，只爲貼近祢的溫暖，岡仁波齊！

岡仁波齊，藏語的意思是神靈之山、雪山之寶，海拔高度六六五六公尺，是中國岡底斯山脈主峰，幾世紀以來，還沒有人能夠攀頂這座神山，世界的中心。

岡底斯聖山曾誕生八千萬賢能，堪稱傳播佛法的聖地。這裡也是世界上著名的高海拔徒步路線之一，因此每年都有大量來自西藏、印度、尼泊爾、不丹的信徒前來朝聖。對於旅行遊者來說，前往岡仁波齊轉山，可能是一次生理和心理上的挑戰。但是最終將收穫靈魂上的覺醒，會讓你深刻感受：「人生絕沒有白走的路，一切都會是值得的！」

在安排此行與轉山的過程中，我看見……有人將「轉山」當成強健體魄的登山運動；也有人視爲朝聖之旅，祈求滌淨罪孽，輪迴超脫；也有人當作極限運動來挑戰自我；更有人把「轉山」當作征服、自大誇耀的資本！看著每個人目的各有不同，也看到大家在轉山過程中，接受了神山對身心的洗禮教化，讓我深信神山有靈，亦師亦父，祂會讓你體受肌膚之痛，卻能收斂你的驕傲自我，喚起敬畏與謙卑之心。

陽光普照，神山示現

帶著靈魂去穿越、去跋涉，去未曾到達的境界。生命就應該行走在這種天高地闊、仙氣繚繞的佛國淨土，遇見善良，遇見信仰。

我們在塔欽飯店將接下來三天在山上徒步所需的物資、裝備都穿戴好，興高采烈地準備朝夢的方向前進，驅車前往轉山入口「經幡廣場」。馬年轉山的管制非常森嚴，人潮也確實洶湧，必須層層把關、查看身分與批件，就連轉山進出口都設置了軍管要過X光，通過安檢才得以進入此次轉山起點——雙腿佛塔。

排著隊不忘抬頭望向天際仰望神山，藍天白雲，清風薄霧，這裡的天氣，純粹得沒有絲毫過度。神山被流動的雲半遮了面容，西藏的耆老說，如果在轉山途中能一睹神山的全貌，會給今生來世帶來好運。山頂的雲霧漸漸薄了，神山揭去神祕的面紗，金字塔狀的山體泛著晶瑩剔透的佛光，一條條橫向的黑線，在青色的山椎上凸顯出來，猶如通往天國的階梯。

距離神山越近，你越能感覺到祂的莊嚴清淨，滿世界都是菩薩的微笑。

沒想到我們能如此幸運，一進入轉山口，查票員就說：「你們是有福之人，今天之前已經下了一個禮拜的雨跟冰雹，很多人都無法成功完成轉山後撤下來了，一直到今天才陽光普照，神山才示現。」大家一聽都開心極了，從入藏證的批核到神山召見，在在都讓我們像個神山寵兒，感覺走路都有風了。

第一天的路況其實不錯，高度由四六〇〇公尺爬升至五二〇〇公尺，路程十六公里，沿途雖有蜿蜒起伏的河谷石路，路況還比較平穩漸高，算是好走的；加上陽光充足、含氧量也高，注定大家今天應該可以幸福達陣！

來到岡仁波齊轉山路的西入口，據說此地曾受佛祖與五百羅漢加持，而有「五百羅漢聚寶盆」之稱。途中並沒有太多路標指引，但可依循的是地上由千足萬印朝聖者所踩踏出的路徑輪廓，雖有冰河蓋過了路面，路上許多人並不相識，卻很有默契地彼此分工找來大石頭、加上枯木條，搭設出臨時的過道。所以一路上有時路壞、坑窪崎嶇，也不用太擔心。世上本無路，走的人多了，自然就有路。

過了「色雄」，轉山之路沿著拉曲河谷蜿蜒向上能看見神山的地方，便可望見信眾們掛起的五彩經旗迎風飄揚，和許多石壘心願的瑪尼堆。一路走走停停，看見左邊山崖上的第一座寺廟——曲古寺，海拔四八六〇公尺與神山遙相對望，岩壁上有一塊山痕神似海螺，似守護神山的聖物，特別神奇。物隨心轉，境由心造，像不像就各憑看倌的想像力了。

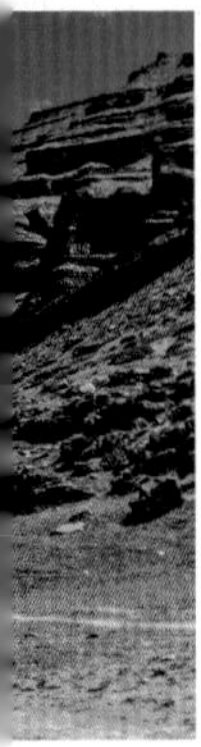

學會轉念，生命將有無限可能

隨著大家的腳程與體能不同，團隊前後距離落差甚大，彼此相距甚遠，途中有人順著轉山，有人逆著轉山，因爲信仰教派不同，轉山的方向也不同，但道心相同，互不影響。所以若非馬年，平時轉山人很少就要注意些，容易走錯路，因爲傳說卓瑪拉山口有個迷魂陣，會使人迷路轉不出大山。不過今年轉山人潮多，跟著走也就不會丟失，無論行走快慢，最後都能夠在目的地會合。

隨著海拔高度不斷上升，腳下的礫石路彎彎曲曲，一不小心就會被路面突起的石子砂礫蹦進鞋子裡，顛得腳底疼。直到現在還是很不解，我穿的算是強大的 Gore-tex 登山鞋，但這裡的石頭眞的很神奇，竟然可以穿越屏障跳進我的鞋裡！一時顧不得形象，隨意蹲坐下來，趕緊把鞋子倒扣用力地敲，竟然倒出好多沙子小石粒呢！

拉曲河谷兩岸奇石嶙峋，億萬年風霜將此地幻化成藝術殿堂。山壁上每個刻文都可能是一句經咒、一尊佛像，傳遞著千古傳說。

看來這求佛之路當眞不易，連小石砂礫都身負考驗我雙足的功課。

前方的路逐漸開闊，兩邊山崖天然幻化成諸佛神仙的壁畫也越來越傳神。不久便抵達岡仁波齊西壁，在海拔五三〇〇公尺、近距離抬頭仰望，眞的令人震撼不已！那三角形的冰壁巨大得讓人彷彿觸手可及，在陽光照耀下冰壁金燦燦得光芒四射，瞬間燃升向佛之心，我朝著雪山雙手合十盤坐神山下，感受佛光普照賜我智慧，不求立地成佛，但求離苦得樂、斷諸煩惱。當下在轉山的路上停佇，靜觀慢思調伏自心，見天地，見自己。

今年轉山的路上好不熱鬧，來來往往的朝聖者，有手持三叉杖的印度教徒，也有身穿白袍的耆那教徒，還有一看就是登山客的老外也來躬逢其盛、挑戰自我。能身臨其中眞的很幸運，彷彿參加一場全世界最盛大的宗教盛典華會。

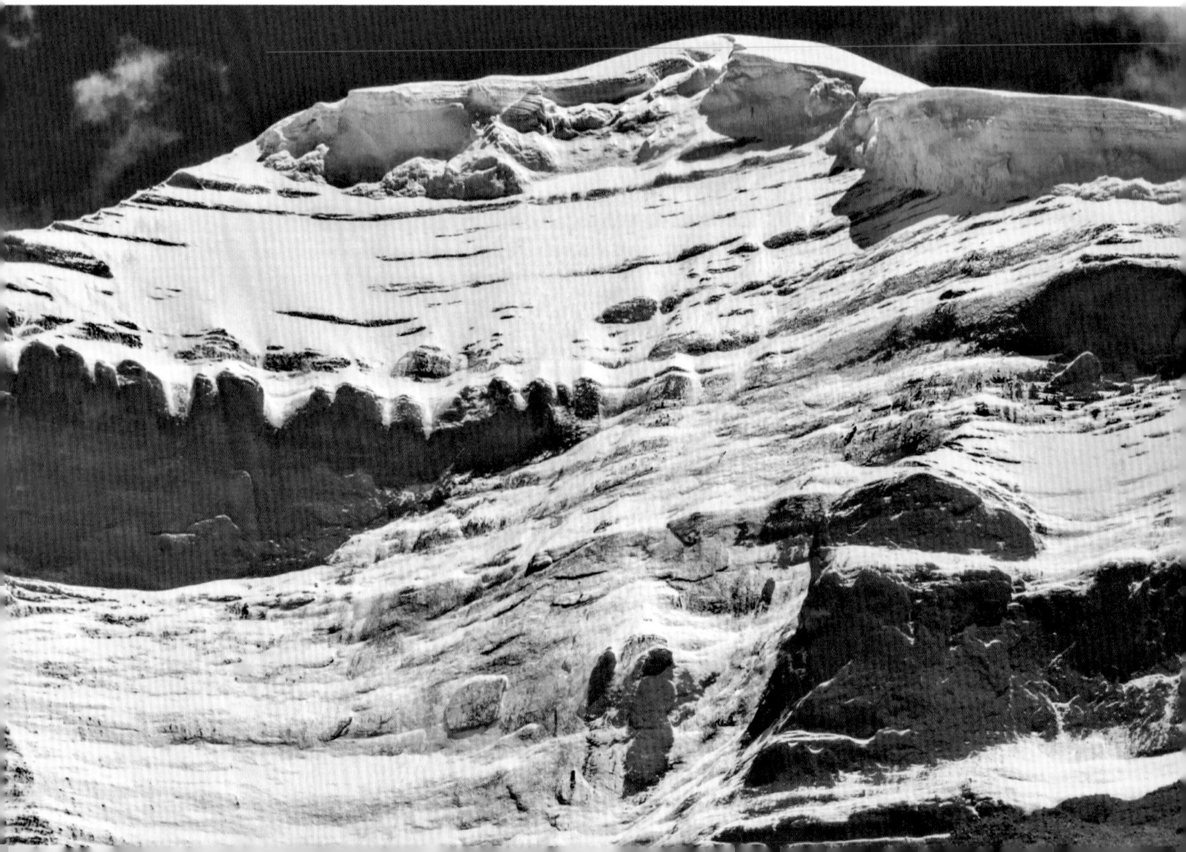

（上）人身難得，佛法難聞，我緊隨你修行的腳步，祈心證得菩提。
（右下）岡仁波齊的西壁，那三角形的冰壁彷彿端坐在蓮花寶座上的佛像，近觀極具震撼力。

正當我滿眼好奇觀看人來人往的朝聖者時，一行約七、八位藏族人組成的朝聖隊伍映入眼簾，特別吸引我行注目禮的是最後一位——看起來身受巨創、不見其下半身，他合十向天敬拜，用上額叩吻大地，以雙手代替四肢撐起上半身，匍匐前進，沒有半點虛掩，每一步都是拚盡全力，以身丈量大地，行大禮拜時輕巧如燕、健步如飛。

相較之下，先前幾顆小石子就把我步步顛得喊疼喊累、惜肉如金，而眼前這位身障的朝聖者卻「以身爲鞋」，無視身體的障礙，爬行於一眼無盡的亂石陣中，又穿越在冷冽冰原之上，無畏痛楚艱辛，跨山涉水，頑強的意志，堅毅前行，朝著心中的虔誠勇往直前，看著他，我不禁潸然……但眼眶打轉的淚水不是因爲同情，而是他向陽的精神，讓我看見有形的障礙不是障礙，眞正的障礙是那道看不見的無形心障礙。

其實生命中最難翻越的，往往是自己所築起

的那道「隱形心牆」與看不見的「無形大山」。相信只要學會轉念，放下「心障礙」，生命將有無限可能。只要不丟失那顆勇敢的心，人生沒有跨不了的難關、越不過的大山。轉山途中，每一步都是一場修行，只有經歷了無盡痛苦和磨難，才足以讓你去認眞思考體悟生命。轉山會帶來豐饒的收穫、堅強的心和更多的愛，當重返人間時，你也將變得柔軟，更懂得如何與這個世界幸福相擁。

神山之父，一路盡展無邊法門

轉過彎、跨過鐵橋，看見山坡上的寺廟，終於今天抵達第一晚住宿的「止熱寺」。它屬於藏傳噶舉派的寺廟，而噶舉派郭倉巴大師即是開創轉山修行路線第一人，也被尊爲「神山之祖」。在此可以直接看到岡仁波齊神山的北壁並列著三座稍小的山峰，藏傳佛教稱爲三怙主，以力量、智慧、慈悲守護著眾生。神山近在咫尺，在岡仁波齊腳下，眼、耳、心成了靈魂與大自然心心相印，神往交流之徑。

暮色中的群山，由我逐一坐穩。梵音，白雲，夢痕。靜修止，動修觀，止與觀之間，佛意綿綿。我在樹下夢遊，靈機一動，便是千年萬年。——倉央嘉措的文句，總能讓我深深共鳴。

這一俯，如生命歸於塵土；再一仰，已是百年身。身已隨心輪轉千迴。

第一天的休息營地「止熱寺」寺外的帳篷，都是滿房無法入住的朋友夜宿於此。

傍晚，團員們陸續抵達寺廟，吃了碗泡麵，大夥累得躺在床上很快就入睡了。夜幕降臨，萬籟俱寂，溫度降低，聽到自己的呼吸聲變重，頭也微微痛了起來，乾脆起來找點分心降腦壓的事做做吧。

看著大家睡得好熟、鼾聲四起，我輕聲躡腳地走出寺外——好冷，我雙手環抱著為自己取暖，瑟縮低蹲在地上，抬頭仰望著一輪明月高掛天空，皎潔如銀，神山在星月照映下顯得更加俊朗神美。我看著滿天繁星劃破寂靜的黑夜，璀璨的星河猶如星雨落下一般，彷彿伸手便可摘取，讓我沉醉在滿眼心動的美麗中，好像忘了冷冽的低溫、忘了疼痛。

看著神山之父，此刻嘴上、心上洋溢著滿滿感恩與幸福的微笑——謝謝您將我帶回身邊！這一路上您傾盡所有，給我最滿的幸福。在連降七天大雨冰雹後，見到兒時您展開笑顏給我擁抱；在大風颳起時，您給我熱情驅走寒冷；在被無盡的長路與雙腳兼程累得震碎前，身上卻瞬間充滿能量，使得勞損盡滅，精神百倍。您用心良苦，用無邊法門治癒兒身心苦短，讓我苦其心志，領略新生；您就像嚴師慈父，讓我一路感受最深的情、最厚的愛。

「止熱寺」的房間內，還能見到巍峨的神山，宿於佛光普照下，加持滿滿、幸福滿滿。

STATION 17

〈馬年轉山 Day2.〉

夢想是留給有勇氣的人

止熱寺——卓瑪拉山——

尊最普寺 海拔 5670M 路程 19KM

一個人需要隱藏多少的祕密，才能巧妙地度過一生。
在這佛光閃閃的高原，三兩步便是天堂，卻有那麼多人因心事重重，而走不動路。
——六世達賴喇嘛 倉央嘉措

今日神山仙氣富饒，冰壁上縈繞著幾許白雲，神山更顯神祕嚴峻，讓人心生敬畏。清晨，我們準備翻越轉山中最難的卓瑪拉山口，海拔將近五六七〇公尺，有「生命禁區」之稱，這裡也是全世界最高的天葬台，得翻越四公里、將近七十度的魔鬼坡。很多轉山者會在此陷入「繼續前行」或「止步退回」的兩難境地，畢竟此地的海拔高度與陡峭程度確實對身心產生極大的考驗。

所以有些人會因壓力恐懼而放棄，或因身體不適而選擇返回，但有些人是因自我挑戰、面子等心理因素，或是對信仰的堅持，即使已經缺氧、滿臉發黑，還是不顧身體警示安危，堅持冒險前往，這樣執心過重無法量力而爲，便等同升起了貪慾。若體不在，心又何以從之？畢竟轉山不是在拚搏，而是在「轉心」。

佛說悟道有三階段：「勘破、放下、自在。」每一輪的轉山，都在一點點勘破人生實苦，一點點放下心中執念，一點點獲得解脫自在。轉山之路，既是輪迴之路，也是證悟之路。因此，轉山眞正的精神，是重在一切過程中的心智體悟，而非爲轉而轉、爲走而走，那就變成

「魔鬼坡」將近垂直的高度，光望眼就足以令人生畏。

我執，失去了眞正悟心之意。即使在信仰學佛之路上追隨佛祖，也要習得升起如來智慧，凡事但求盡力便無愧於心，學會懂得放下，華麗轉身。留得青山在，「不怕沒山轉」，因爲山永遠在那裡，生命無價，唯有平安，才能再出發。大山之前衆生顯百相，隨時隨地都是身心魔考測試，是眞正鍛心鍊智的修行道場，連進或退都是一堂智慧功課。

山路艱辛，心路堅定！

今天的行程是轉山五十二公里路當中，最高難度的天堂級身心挑戰了。此行山路亂石嶙嶙，要從海拔五二一〇跋涉至五六七〇公尺，高低落差近五百公尺的高度，與將近七十度的垂直陡坡，一路跟著人群緩緩前行，山勢逐漸攀升。行至一片經幡處，便是最佳取景位置，可拍攝神山日照金山與星空銀河之處。聽說，兩山之間有一條通道可以進入內轉空行母密道，轉山十三圈才有資格進入內轉一次。此行馬年轉山一圈等同十三圈，下一趟轉山我就能夠進入了。相傳內轉是更高的修行次第，能量更加強大高深，未達標準前不能進入，只要是敬畏天地諸神者，皆會遵而從之。

山路漸行漸陡峭崎嶇，過道狹窄，路邊還積著冰雪，人馬犛牛齊行，好不熱鬧也好危險！前面的馬兒不知何因受到驚嚇，結果撞到後面的人跌倒往下滑，大家趕緊上前幫忙，但他還是痛得站不起身，直哭喊疼。所以在轉山路上，要盡量與動物保持安全距離，一旦碰上意外狀況受傷了，將進退不得，非常麻煩。

一路上看見很多休息的人都徘徊在意志力崩潰的邊緣，掙扎在進退之間；也有許多好心人會給予關懷，分享藥品或打氣鼓勵，都想幫忙他們能重返轉山路上。在轉山過程中，高原反應、身心壓力，以及體力的耗損很大，因此心境越要保持得更從容，且行且停，莫急趕路，一定要緩慢的以平穩速度前進，這種保存能量的行走方式，是持久於高原行旅的心法門。

回望來時路，每次都能見到神山不同角度多變的美麗，

尤其這一次在轉山路上回首，盤旋在神山之脊的雲霧漸漸散去，呈現金字塔般的巍峨姿態，我靜心凝望著。也許自踏上轉山之路，岡仁波齊便一直以祂的法門給予你智慧，只待某一刻心靈交會的剎那，你便能一切了然於心。

藏族人有此一說：神山之王長年白雲繚繞，故有緣得見神山峰頂者，乃大福報之人。其實，具備信念、意志和體能前來轉山者，都是有福之人。無論看到神山，或是被雲霧雨雪所遮擋，神山始終都在那裡，但終會得見白雲散，猶如衆生煩惱終會過去；神山如如不動，有緣人亦可參透、放下、明心見性。朝聖者如浪起伏於神山之中，留下被洗禮的靈魂與自我淘滌的感悟，珍藏好這份與神對話的美好，再次回到轉山路上。

腳下的路陡峭，崎嶇不平，終於來到世界上海拔最高的天葬台，名爲清涼寒林，海拔五三〇〇公尺。長路兩側堆滿衣物、穿戴在瑪尼堆上。據說，在這裡留下一件貼身之物，便如同今生的結束，所有苦厄也在此終結，新生始來。有些信念並非爲自己，而是爲別人堅持，更顯歡喜可

前方的轉山之路上經海飛揚，更特別的是山坡上岩石覆著，一面皚皚白雪猶如表面光滑的鏡子，傳說能夠照見自己的前世。

貴。對自心早已安足、珍惜並無所求，今生也越活越似荷清淡、安然歡喜，所以每次回到西藏諸神面前，多是爲衆生親友祈福，向天而禱。

而此刻我跪拜在天葬台前，拿出大姊的傷病卡，虔誠的向神山祈請：「神山之父，宜君想向您祈請，我姊姊生病了，雖然她脾氣不好，從小又愛奴役我做事，但畢竟血濃於水，請神山慈悲，幫她解脫病痛，讓她今生疾惡痛苦都在此結束吧！」

祈願結束後，我的心一如以往特別安實。過往只要在西藏翻越每一座大山，我都會爲親友掛上經幡、祈請神山護佑，十多年下來也見證無數奇蹟，讓理性的我也不得不相信，更能理解藏族人爲何會敬拜天地自然萬物，相信神山有靈。或許是巧合，只是幸運的我遇見了許多善好的巧合，許多祈請眞的都不可思議的應許了，讓我寧信其有，尊重道法自然。

大姊罹患肝癌，在我出國前醫生宣布她只剩三個月的生命，需要換肝，但家族裡沒有適合的肝能捐給她，因此大家都很難過大姊會離開的事；沒想到在我轉山回國後，正當大姊生命開始倒數計時，卻奇蹟似地出現了合適的捐贈者，竟是大姊沒有血緣關係的男友！其實器官捐贈有很嚴格的規定，不是直系親屬不能捐贈，但這回連醫院都願意破例做這移植手術，這也是全台灣目前唯一成功創舉、男捐女的肝臟移植手術，而且手術很成功。

看著大姊發病，從原本的胖姊瘦到形若枯枝又經受化療折磨，而轉生至現在聲如洪鐘、形體漸漸豐腴；目前她的身體狀況越來越好，整天找我跟她出國去玩。感謝神山有情，憐憫蒼生渡其苦厄，賜予我大姊能有此重生機會，讓我感受您如父的慈愛神奇與偉大。

在世界上海拔最高的「天葬台」前，我將大姊的健保卡置於經旗前，
向神山虔誠祈願得到護佑，感謝神山慈悲賜予姊姊重獲新生。

一路收穫善意，回報善意

對藏族人而言，岡仁波齊是離天最近的地方，既是一條修行之路，也是一生歸宿之地。離開天葬台，留下過去的我，轉身繼續前行距離卓瑪拉山口只有不到四公里的地獄坡，卻要由五三〇〇公尺爬升到五六四〇公尺高度，高低落差三百公尺的爬升，其坡度之陡可想而知。隨著海拔的升高，氧氣只會越來越稀薄，雖然經常進藏，但轉山並非一般旅遊路線，對我來說也是很大的挑戰，算是登天之路；尤其平日的我從不運動，更不是登百岳的登山愛好者，當跋涉往最高點前進海拔五七〇〇公尺的卓瑪拉山埡口時，有時會有靈魂出竅飛天的感覺，這時就得降落，好好收起翅膀歇歇，慢慢讓身體回充電能，喘口氣再往前走。大家就這樣安安靜靜，只能心無旁騖，靠著自己的意志堅持下來！

每回停在路旁休息時，總會有路過的藏族朋友很熱心地察看，並開口問：「妳可以嗎？」甚至看我腳步踏得不穩、害怕時，就會突然出現好多愛的臂膀或有力的大手攙扶，並豎起大拇指打氣，道聲：「扎西德勒！」（藏族人表示歡迎、祝福吉祥的話）彷彿前生今世我們都是久別重逢的親人，在最需要的時候給你幫助與溫暖。在這裡，人與人之間沒有隔閡，只有互助關愛的光輝，讓人感覺一路走來再累再苦，也有一路有情無盡的家人就在身邊與你風雨同路，不再害怕。一路上，收穫善意，回報善意，心也一路暖暖的。

轉山路上神跡衆多，一路經過天葬台、米拉日巴與苯教大師的鬥法石，看著對面山坡一塊大岩石，皚皚白雪猶如表面光滑的鏡子，傳說可以照見自己的前世～再往前行不久，抬頭仰望，滿眼震撼，只見經幡海洋鋪滿整個山口，

轉山路上，會有許多人帶著家人的照片貼在大石上為他們祈願，也是神山上最特殊的景象。

直達天際，五彩經旗迎風飛揚。經旗上面還坐著一隻可愛的大狗，「他」從第一天轉山口就開始帶路，時隱時現，但總會不經意地出現在我前頭，深怕我迷了路，也像是我的守護神般一路隨行。神祕高深的狗狗不知道轉了多少次山，是否已經超越了輪迴……

心之棲所，身魂之起點

接著來到轉山路上最艱難、也是最神奇的「重生之路」，準備翻越五六七〇公尺的生命禁區——卓瑪拉山口。雪山之巔，也是今生來世的結束與開始，當眞的到達此地才懂得何謂「向死而生」的感覺，三毛說：「心中若是沒有棲息的地方，走到哪裡都是流浪。」這是我一生中、腳踏實地最高的高度了。神靈的指尖，似乎觸手可及；靈魂被

撞了一下，一瞬眼已婆娑。深呼吸，不是因爲缺氧，那是一種來自身心的感動，一種心靈和神山的默契。

山口上祭祀的煙霧繚繞，所有來自各地的朝聖者，大喊著「拉加羅」，意指諸神勝利，便朝向神山天邊拋灑五彩的隆達，將祝福與祈願寄語天堂；還有許多人面向神山雙手合十，感動得淚流滿面。我也將已準備的風馬旗經幡高掛在這天之界，並獻上潔白的哈達（白色絲質或仿絲布料製成的條幅布帶），表達對神山最深的敬意虔信。仰望著巍峨雪山，雲霧蒸騰，將整座山谷渲染成如夢似幻般的仙境，彷彿存在於塵世與天界之外——這是我心之棲所，身魂之起點，岡仁波齊！我來尋找自己，帶自己回家。

經過下山第一個平緩的山谷時，看到五個十分迷人的神祕寶鏡——藍綠色小湖泊，名爲托吉措慈悲之湖，相傳這裡曾是善財童子洗手的地方，如玉般的美麗。過了湖開始下山，這是一段極爲傾斜、碎石鬆滑的危險路段，下坡土路太滑，我幾次跌坐、手腳並用才回到地面。在此要彼此保持距離、平行下山，以免發生集體全壘「倒」的危險。

接著下到河谷，這是一條長年不化的冰川；離開冰原區，終於走向坦途，眼前這條轉山的路，看似廣闊無比，卻又像是永遠走不到盡頭，讓人精疲力盡，眞的走不動了，我兩隻腳走到腳底像踩著三太子的風火輪，腳底板都火燙冒煙了，便就近找了塊風水寶地河谷邊坐下來，看著冰河小溪的對岸，峽谷寬闊，草地青青、花兒朵朵、雪水石間飛流，整座山谷如同須彌世界一般幽靜。

「托吉措」，慈悲之湖，非常美麗的碧綠湖水，卓瑪拉山最神美的海子。

轉山之路最幸福的時光，放空欣賞牛牛談情嬉戲。

還有好多雪山犛牛在渡河，有些在清泉之中玩水嬉戲，有些彼此對牛談情，有些身姿優雅地漫步在草地上，品嚐著野草花香，瞬間，眞覺得眼前的牛兒才是智慧足俱的生活大師，而我現下能如此幸福的在此放空，笑看牛生……這一刻不也是此行的重要目的！原來人生的目標與盡頭不在遠方，而是在這個過程中感受與學習，看似有起點、終點，其實這些都是自心；所設的度量記號，若能體悟通透，就能歡喜享受這一趟生命旅程。人生如行旅，高低跌宕，艱辛美麗，而你心目所及，就是你的人生心境界。

親自體受「身課」禮物

下山之後的路看似平緩溫柔，卻反而更煎熬人心，整個路程長到似乎望不見盡頭，尤其風大到感覺整個人快被吹飛了。當然姊的穩重不是白練的，雖盡力保持如如不動，但在迎面襲來的刺骨寒風下前進，心中更是百感蘊織，我用圍巾把自己包成像木乃伊似的，已經顧不得「髮」相莊嚴了！

「怎麼大風越狠，我心越蕩。吹呀吹呀我的驕傲放縱，我要握緊手中堅定卻又飄散的勇氣，一直往大風吹的方向走過去，我會變成巨人踏著力氣，踩著夢，任風吹，任它亂，毀不滅是我，盡頭的展望。」——蘇運瑩創作的歌曲〈野子〉，頓時在腦中響起，我就這樣一路勇敢朝夢的方向逆風前行。

這一刻，我的能量天賦似乎被神山諸神灌頂加持給完全開啓，從步步維艱、全身疼痛，到點開穴道，能量全開，電力充滿，雙腳從痠疼到火燒雙足，卻不想停下來，一切進入忘我境界，就想放空自己一直走，走到我來的地方，走到我要去的地方。路，仍在延伸，不見終點。

轉山最後，你會感覺到，苦極滅道、破繭而出、粉碎後得到的真正自由，人的能量無限，越苦，越能讓人爆發極限，滌淨重生，豁然開朗。

走著走著，終於看到前方有兩三頂帳篷，是給轉山人的補給站，裡面只提供選擇性不多的少數食物，除了藏民每日所吃的酥油茶之外，最多的就是康師傅泡麵、餅乾、汽水等零食。一般來說，能在這裡吃上

沿途會有帳篷補給站販售泡麵、飲料，讓轉山者能夠補充體能、休息一下。

泡麵已是人間美味，不過在三天的轉山行程裡，我吃過一次泡麵就畢業了！只不過難敵本能驅使，下意識就想到帳篷裡找點吃的。

看著貨架上的食物，竟沒有任何食慾，也沒有飢餓感，就連口袋的熱量補充巧克力……我竟然能和手中最愛的巧克力對看三分鐘，卻不想解開它的外衣；我真的變了，轉山讓我的心產生變化。

這是我始料未及的，第一次身心發生微妙的抗拒，看著巧克力卻自問：你餓了嗎？心中的小君說不餓喔！我現在身體很乾淨很乾淨，不要隨便污染我或增加我的負擔！真的太神奇了，我就聽從了心中小君的話，把巧克力乖乖地收起來，走出帳篷，喝口水發發呆，看看眼前的風光，就足以讓我的「心體」都飽足了！

岡仁波齊似乎擁有一種隱祕而偉大的力量，祂讓你忘記欲望、捨棄妄念。在這裡，衣可蔽體、食可果腹、陋室可棲，已是滿足。神山說：「放下六根煩惱，始於戒除貪欲……」小君身體首生慧根，愛吃的我第一次跟食物說不，親身體受這份「身課」禮物！

我與佛祖有約，非去不可！

翻越千山萬水，終於來到轉山第二天休息的地方「尊最普寺」。團員腳力好的大約下午五點多率先抵達，腳程慢的也在七、八點幾乎都到了。眼看著就快九點了，不禁開始擔

岡仁波齊被《國家地理》雜誌評選為中國最美的十大名山之一。

心。西藏這個時節日落大約在九點半，太陽下山後溫度驟降，四周沒有路燈、只有月光，面對夜間低溫寒冷天候，尚未歸隊的團員可能承受不住。

此行有位「師姊」讓我格外擔心，她一路穿著單薄的禪修服裝、居士鞋，並沒有任何登山百岳經驗，有的是道心堅強，對佛祖非常虔誠。不見她穿防寒衣，頂多只有加件毛衣。

師姊的身形又特別嬌小，當天出發時，我看到她身上的衣物嚇了好大一跳，那跟我們在行前說明會上要求旅客必須做好相關穿戴裝備差很多——她沒有穿登山鞋，這將如何翻越天葬台、地獄坡和跨越冰原區呢？她的鞋子沒有抓地力，更沒有防寒防水功能，衣物也不夠保暖。我告訴她：「妳這樣穿戴的裝備不夠，不能跟我們上去轉山。」她回答：「妳不用管我，我與佛祖有約，非去不可。」師姊不僅身形單薄瘦小，聲音也很小，但語氣、意志十分堅定，我知道很難勸退她，只好叮囑導遊陪在她身邊多注意。

原本我心裡盤算著，她應該最多只能走完第一天行程，以她的裝備和體能狀況，必定是第一個安排後撤的人。但實際盤算卻敵不過佛祖的力量！第二天有些團員看到寺廟前陡峭的魔鬼坡，不禁心生怯意，也有些人是因身體不適而決定返回出發地。我們這位師姊卻毫無畏懼之色，反而更堅定要繼續行程，無論如何都無法勸退她。當下觀察她精神很好，也只能尊重她的意志，讓她繼續前行了。

只是從早上七點多陸續出發，到現在接近晚上九點，已經走了十三個小時還沒抵達目的地，我很擔心她的體力無法支撐，便開始跟團員打聽她徒步的進度，團員們各自描述曾看到她的時間、地點——我有看到她速度很慢，走一步休息五分鐘，還不忘跟藏民聊天……

各種描述越聽越讓人擔心，我趕緊打電話給她，很幸運的電話接通了，「師姊，妳人現在在哪？」她說剛剛翻過卓瑪拉山，已經離開

轉山之路的下坡便是冰原區，還有些融雪成溪水很滑，要特別小心穿抓地力強的防寒鞋。

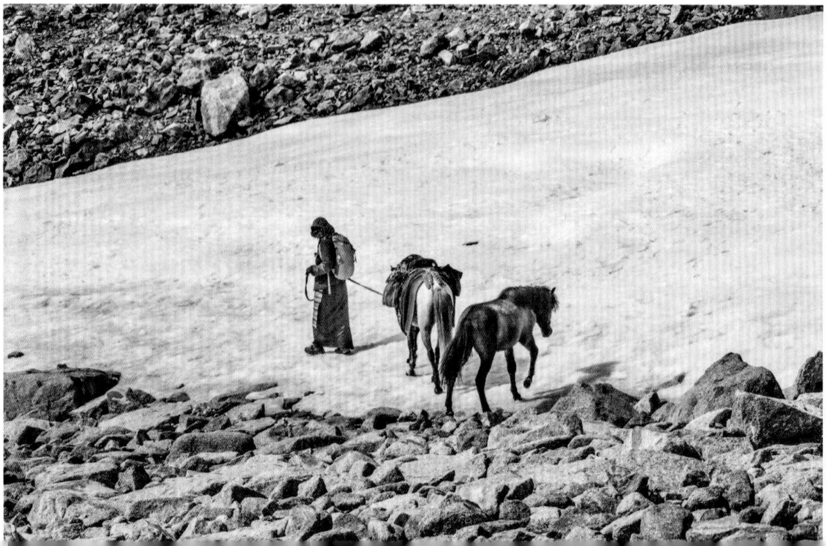

碎石路段了。我心想，天啊！才走到那裡，眞的太慢了，估計距離我們最少還有七到十公里路。她花了十三小時，走了十三公里，現在都晚上九點了，以她的腳程可能要走到半夜或天亮了，這樣可能會冷到失溫承受不住。

我繼續跟師姊說：「師姊妳不要再走了，停在原地，我想辦法請阿里旅遊局長領導幫忙，協助派車過去接妳……」沒想到她竟然回答不需要，就把電話掛斷了！我趕緊再打過去，好險她有接起電話，我說：

「師姊妳別掛我電話，等一下這裡就沒有陽光、溫度很低，妳衣服不夠會失溫，還有妳離我們的距離很遠，擔心妳體力不支會有危險，妳在原地等我派車接妳。」

她又回我：「妳不用派車，即便車來了，我也絕不會上車。」

我問她：「爲什麼？」

她說：「我沒有三跪一拜，全程行大禮拜轉山，就已經很對不起佛祖了，又怎可能坐車轉山，我一定要靠自己的雙腳走完全程才可以。」

我繼續安撫她：「師姊，白天溫度夠，妳可以慢慢走，現在妳要走到半夜很危險，佛祖也派給我任務，要我保護妳的安全，妳不能讓我們爲妳擔心啊，佛祖沒跟妳說：讓大家爲妳罣礙是不道德的？」

我也急了呀！沒想到師姊又是語意堅定地回我：「妳說什麼都沒有用，我不會上車的，妳不要再打給我。」

說完又把我電話掛了，嘟嘟嘟……接下來師姊的電話再也打不通了。

堅持自己的相信，相信自己的堅持

再見到師姊已經是半夜三更了。

安靜的夜晚，門外響起一陣騷動，我趕緊出門查探。一見是師姊，立刻問道：「妳還好嗎？」

師姊很開心地回說：「我很好，都圓滿了。」

「妳不冷嗎？」

「不冷，我心中有佛祖，我一路持咒，佛祖一路給我溫暖。」

這位師姊的道心堅強，她的專注與意志力，加上對佛的虔誠，激起無與倫比的能量，這也是境界了！在佛教與密宗裡都有各自的修行法門，當意念專注，便可讓身體的脈輪產生強大變化與熱能。

古代文獻記載，曾有許多禪師能夠赤足在雪地上行走，用「玄關呼吸」，簡單、溫和地發動生命的能量。藏密也有類似的修持「拙火」（Kundalini）；喇嘛在下雪的冬天，上半身披著浸濕的布專注誦唸經咒，修行者的專注能幫助自身達到發動身體的熱能，不消三十分鐘，濕透的法袍已經全乾，代表他的修行功課已達到境界。

所以看著師姊身著薄衣，腳踩居士鞋，沒有任何登山經驗，就這樣行走在五千海拔高度之上；夜間溫度早已降至零下，行走了近二十個小時，完成了一次常人看似不可能的「神旅程」！師姊憑藉自身對佛祖強大的虔誠信仰與意志，無畏一路寒冷體苦，讓我敬佩！感謝您讓我見證心念的奇蹟力量，並看見師姊「堅持自己的相信，相信自己的堅持」。

毅力決定高度，意識決定長度。執著的信念眞的很強大，信心讓人有了動力，無論路途多麼坎坷崎嶇，爲了與神山的約定，執著的信念，強大的內心，終究戰勝身體的極限。這也讓我感悟：有些路，走下去會很苦很累，但不走會後悔；選擇前進不留遺憾，相信選擇後的堅持；朝著人生夢想啓航，終有機會夢想成眞！

轉山之路，一路堅心，一路心豐，會讓您滌悟破繭重生。

STATION 18

〈馬年轉山 Day3.〉

馬年轉山最終點，轉出生命新起點！

尊最普寺——宗堆——

塔欽 11KM

轉山之後，世界沒變，「我變了」！
走出這一步，生命也許不是原來樣子；
跨過這一步，你可能就不是原來的你。
一路的艱辛忍耐，一路的歡歌笑語，來到了美麗的聖湖畔、神山下。
轉山讓我沉重的身軀，最後變得身輕如燕，習得自在享受著沿途的風光，若不是神山有靈、諸佛加持，眞不知我這凡夫俗體怎能起到如此大的能量場與變化；無論追求信仰或理想的人，都將因轉山而感受靈魂的昇華與身心的蛻變過程。

第三天的路程，經過前兩天魔鬼般的鍛鍊，成就今天強大許多的我，這段路相形之下成了踏青散步；心輕鬆了，目的地也就不遠了。一路看著蜿蜒美麗的河谷，順著山路前行，突然眼前一陣騷亂，一群馱運行囊的氂牛往山崖狂奔，後面一群藏人滿路追跑，狂甩著長毛大尾，一副西班牙鬥牛的戰鬥模式，人牛對峙，眞是讓城市鄉巴佬的我看得滿眼驚呆了！尤其我是愛動物的姊姊，看到牛牛不開心，我也會不開心。

我上前問藏民爲什麼一群人這樣追牠啊？他們說牛牛不開心，鬧罷工，牠身上揹了轉山者的行囊裝備，現在不肯上班往前走，發牛脾氣還滿山跑，呵呵……這也太有靈性了！人都不想上班了，何況是牛？

滿山奔逃想罷工的牛牛，看了很讓人心疼！

我說：「那牠眞的不走怎麼辦？」

藏民回道：「那就沒辦法了，只好等牛牛安靜下來，把貨就地卸下讓客人自己揹了！」

東西眞的很多掛滿身，難怪要罷工了！所以日後要轉山，還是把東西放在「塔欽」，輕裝上陣去轉山。別想換衣服、洗澡，三天都是同一套衣服，沿途吃的就是泡麵、身上揹的高熱量零食。大家都是想要的很多，需要的很少，眞遇到牛馬罷工，就得換自己當揹夫了，揹不動就只好義捐給當地做援藏物資了，所以還是讓自己的心靈學會「減法」，只帶必要、不帶想要，才是善法王道，這樣也能造福牛馬可以多些，享受閒雲啖草的自由歡樂時光。

超級阿嬤的每一步，感覺都是在享受！

走著走著，看到了最美的神山之母「納木那尼峰」，海拔七六九四公尺，位於喜馬拉雅山西段，與海拔六六三八公尺的神山岡仁波齊峰遙遙相對。它就在前方散發著慈母光芒，宛如在爲我們歡呼喝采。接著抵達轉山的出口「宗堆」，大家開心地留影，慶賀完成此生難度最高的轉山之旅，這是一次生命自我挑戰極限的完成，也讓自己看見前所未有的心能量，更相信此次轉山旅程的終點，其實才是生命的新起點！

相信未來我將更勇敢去擁抱生命的各種挑戰與可能，感受那淋漓盡致、突破自我後的重生與美好。轉山的路上，你會看到一段段動人的生命故事，在神山的慈悲懷抱溫暖之下，生命的痛楚淡了，生命的艱辛逝了，靈魂也鍛得更勇敢了。

而這也讓我憶起這次轉山之旅中，團裡最勇敢、年紀最長、七十多歲的陽光阿嬤，我看見她的每一刻，永遠滿臉笑意，一馬當先，眞是老當益壯。第二天到達寺廟，我正忙著跟寺方安排住宿

看見眼前的神山之母納木那尼峰，代表即將完成轉山之旅。蓮花開了，天也無常，地也無常。
回頭一望——佛便是我，我便是你。——倉央嘉措

問題時，看到阿嬤已超越今日的目標住宿點，繼續往前走去，我趕緊追上她喊停：「阿嬤您走過頭了，快回來！」阿嬤卻回答：「我走得好舒服，還想繼續走。」

當初阿嬤要報名時，由於年事已高，我們曾極力婉拒、勸阻她並不適合走西藏博士後的高難度路線——阿里轉山行程，可以改走輕鬆的西藏貴婦團系列，結果都被她堅定得一口拒絕。阿嬤說：「偶是秀貞的粉絲，偶要跟秀貞那團。」「秀貞」指的是登山女傑江秀貞老師，曾經兩次成功登頂聖母峰，並在兩年內完攀世界七頂峰的台灣之光，此行由她跟我一起領團，帶大家完成馬年阿里轉山之旅。

我跟阿嬤說：「秀貞那個行程很難，您喜歡挑戰極限、喜歡刺激喔？」阿嬤說：「沒有啦，偶只是愛四處七逃啦，阿不過偶去的，都剛好是大家講很難的行程，可能是嘟好啦，你們免煩惱，偶很會騎腳踏車，還環島過喔，偶身體很好，偶就是要跟秀貞那團啦～」

看著台灣超級阿嬤對生命的熱情與堅持，敬佩之情油然而生！最後還是決定讓她參加「秀貞那一團」，為她圓夢！

在轉山路上看到阿嬤時，我都習慣問候她：「阿嬤妳厚某？」阿嬤仰起頭，用那黝黑發亮、卻總是堆著滿臉笑容回我：「哇金厚啊～」其實阿嬤在轉山的路程中，畢竟有年紀了，步伐還是略顯龍鍾之態。但她的每一步都踩踏得特別深重，非常踏實堅定，光從腳步都能看出她的意志堅定，無畏無懼；她跨出的每一步，感覺都是在享受。

給生命一次重生的機會

我很享受在一旁靜靜看著阿嬤的時刻，她整個人就像陽光一般映照在我心房，讓我也跟著歡喜溫暖。她總是陽光滿面，享受著生命的步步歡愉、時刻美好，無所憂、無所慮、無所罣礙，全然無畏高原的陽光烈焰、海拔五千公尺的凜冽寒風。

在高海拔徒步，每一步只有平地含氧量百分之五十，所走的每一步、心跳都是激烈撲通撲通迴盪在耳際，但阿嬤總能在旅程中輕鬆悠遊，一次次完成所有人心中不可能的夢想與挑戰，這是因爲她從未對夢想設底線，而是活在當下享受生命。感謝超級阿嬤讓我看見樂觀與勇敢，才是成就生命夢想之花，迎風搖曳、嬌豔盛放的陽光祕方。

反觀團上有很多年輕力壯、擁有豐富登山經驗、爬過百岳的朋友，經常卡在對未知的疑慮、擔憂、面子、恐懼等思慮的糾結上，產生無形壓力，致使腦壓升高，很容易引發出高原反應。反觀阿嬤呈現出來的淡定，眞是盡顯修行高深，心無罣礙，無罣礙故，無有恐怖；乃至達到衆人夢寐以求，大美西藏天人合一的最高境界！

而轉山，每一步都是生命的厚度，每一步都是生命的養分，在路上細心去感受，進而重新發現和認識自己。這並非是滿足表面欲望的旅行，而是一次修煉，一次心涅槃。給自己生命一次重生的機會，勇敢走出去，要走的比很遠更遠，去那個離天空最近的地方，去感受雲般的自由，你將會重新愛上那個純淨本眞的自己。

找到自己生命中的「岡仁波齊」

轉山後，我感覺世界沒變，我變了，終於完成人生旅途中的第一高度，來到這雪山之巔，是體悟生命的禮物；感受在遙遠的塵世之外這份最自然的虔誠，在路上我全身心地融入，與天地合而爲一；也歷經了生命最有能量的一場輪迴……更在無明中尋回了自己，這裡海拔五六七〇公尺，是我雙腳走過最高的地方，走過的每一步，都被汗水浸染，也唯有置身路上，才能感受到淨心有多美。也許，只有當一個人能夠放下所有悲喜與欲求，簡單到只剩下生命和乾淨的靈魂，將會明白自己眞正想要的是什麼。但願今後的每一天，都和此刻的自己一樣「純粹」。

憶起那個曾經年少追求虛榮光鮮的自己，我更喜歡現在這個心無所求，但心中有光的自己。我相信，每個人在天地之間都擁有一個屬於自己的生命密碼，岡仁波齊就是我的生命密碼，隨心而動，就想一直走下去，願有生之年，你也可以找到自己的那束光，找到自己生命中的「岡仁波齊」。

STATION 19

西藏往西，才是西藏的精髓！

前進世界第三極「阿里」，
喚醒靈魂的人生壯旅

聽心而行，勇敢逐夢！

還沒去過西藏的人，都深信有一天會踏上那片土地。

人生就該鼓起勇氣，給自己一次不顧一切的壯遊，才能無悔此生！

在滾滾紅塵流浪越久，內心深處一直對那裡的山水念念不忘，不時會憶起那段西行阿里——南北無疆，天地無界，追光逐影，任你如何疾速飛馳，都逃不出被極地之巔、八千公尺巨峰，熱情擁抱的心靈震撼！

穿越北緯三十度，五千公里長征世界第三極，冒險於荒漠之間，體悟著亙古綿長，那裡是高原以上的高原，是神祕中的神祕，是遙遠之後的遙遠，一路奔馳在天之界，只爲晉見千山之宗、萬山之王「岡仁波齊」、拜謁西天瑤池聖湖「瑪旁雍措」、尋訪一夜消失的黃金之城「古格王朝」、置身浩瀚的星球奇觀「扎達土林」，馳駕吉普車在無人區與野驢競速狂奔，幸遇怯人可愛的藏羚羊嬉遊神湖，在高原與冰寒狂風炙陽相擁狂舞，深刻感受極地的冰火五重天。存乎於此的天地萬物，純淨得只剩下「眞」；徜徉其中，深覺人如蜉蝣滄海一粟，縱有萬般塵染罣礙，都可在此一舉還諸於連天無際的漠海。

對許多旅行者來說，一生中能到訪西藏，足以此生無憾。但對血液中充滿冒險基因、熱血沸騰的探險家與朝聖者而言，西藏只是一個起點，他們的夢在更遠的地方，而西藏的

「阿里」便是夢想終極地，更是破曉覺知生命與喚醒靈魂的人生壯旅，這裡深藏著古老的極地密碼，是最富挑戰的極地探險。西藏往西，才是西藏的精髓！

天空出現「象神」護法祥雲

此行山比雲高，路比天遠，由拉薩出發，經山南、拉孜、薩嘎、瑪旁雍措、扎達、尼瑪、班戈，最後經納木措回到拉薩，日行百里，每天飛馳在平均海拔四五〇〇公尺的天際之上，幾乎一路與天平行。

沿著二一九新藏公路西進，西遊神域最美的賞賜便是「一措再措」；藏語的「措」，是湖泊的意思。首遇如夢似幻的佩估措，她純淨如琉璃一般，醉臥在八千公尺高大英俊王子——希夏邦馬峰懷中，令我驚豔得靈魂隨其飄蕩。續往薩嘎前行，雪山、湖泊、沙漠並存。大地在，我在，頂上的天堂和足下的路，是我的追求，終於千里跋涉來到神山岡仁波齊座下，世界江河之母的聖湖「瑪旁雍措」相傳是龍王財神的宮殿。藏語的「瑪旁」，意指「永恆不敗的碧玉湖」。

高僧玄奘在《大唐西域記》中稱爲西天瑤池的地方就是這裡了。神湖前巨大的石碑掛滿經幡，五顏六色的旗幟在蔚藍湖水相映下更顯聖潔，在藏族人心裡，岡仁波齊代表太陽，是父神，而瑪旁雍措代表月亮，是母神，但凡在這片日月生輝的聖土上，即使片刻停留，

西天瑤池三大聖湖之首「瑪旁雍措」是三大聖湖中最難到訪的，拜謁神湖時天上出現祥雲象神，相傳是神湖之子，非常幸運能拍攝到這吉祥的畫面。

都能受到神的眷顧。

傳說只要喝了神湖水，能洗脫百世罪孽，可滌淨五毒煩惱障礙，團員們便開始虔誠敬拜，雙手捧起湖水洗面飲用。就在此時，神湖前開始寒風大作，冷得大家趕緊奔回車上，而我卻仍癡守神湖前，或許是誠心感動天，喜見神蹟，天空竟出現「象神」護法祥雲。更爲殊勝的是，象神恰恰是印度教中的智慧之神，祂也是聖湖的創造者濕婆神的兒子，是父親賜給象神戰後沐浴清修之地。也許神仙知我腦袋空空如也，故憐憫眾生慈悲示現加持、開我智慧，讓這充滿傳說的聖湖之首更顯吉祥神靈之氣。

另與神湖僅十呎之遙的「拉昂措」，是傳說中能無風掀浪、牛羊牲畜喝了湖水會奪其魂魄的鬼湖，與神山之母「納木那尼峰」相依，但她在我眼中卻是妖嬈動人、愛恨鮮明的絕世美女，美得令人想爲她洗刷污名平反。她與聖湖湖底相連，同一水源，但湖水卻一甜一鹹，如此神奇也象徵著人世間的陰陽善惡，看似兩面，卻也僅存乎人的一念間。

一路向西，繼續跨進，雲越來越低，心越來越寬，一路驚喜收穫，車子繼續前行，雪山、湖泊、沙漠渾然一體，讓人驚嘆不已，這裡是最不像地球的地方。扎達土林經千萬年風雨雕琢，幻化成形象各異的天上宮闕，超級迷人且色彩豐富的山體，在高原迷幻光影的襯托下，滿眼的金碧輝煌，宛若神話世界，而一夜大雪將五千海拔的土林沙漠幻變成連天仙境，金光穿雲而下，景色奇幻如天堂，如此難遇的奇異天象，大家彷彿在剎那間返老還童，與奮得縱情跳躍，一起飛天！

獨家遇見古代宮廷「玄舞」

過了扎達，終於見到傳說中的神祕王宮。兩千五百年前，阿里的象雄王國——古格王朝在此崛起，輝煌的壁畫宮殿，穿越時空的燦爛，記錄著當時的高度文明。

清晨的陽光灑落金黃色的古城堡，屹立於天然的象泉河中；四周群山環繞，山頂的古城堡內外就是一座大型迷宮，氣勢磅薄壯觀，而王城前上百位卓瑪穿戴華麗爭豔，身上更披掛著各種瑪瑙、珊瑚、珍貴寶石，跳著阿里已絕跡的古代宮廷「玄舞」，彷彿時空穿梭回到千年之前——原來是電影在此開拍，才有幸獨家遇見這穿越中古世紀的舞蹈風采。

站在王城最高處，居高臨下極目遠眺，象泉河畔風光盡收眼底。在國王臥室內望著同一扇窗，當時窗外的金戈鐵馬彷彿歷歷在目，便能體會國王不忍看著臣民被敵軍殘酷所虐，而選擇攜珍寶出城獻降、解救黎民的心情，豈料仍換來敵軍無情屠城，令人唏噓！而這曾經輝煌擁有十萬人之衆的黃金大國，竟在瞬間消失無蹤，成爲世紀千古之謎。無論帝國幾番榮耀、千秋萬載，總有繁華落盡之時。想想，世間又有何事須執，而不可放過的呢？

在夢幻中穿行，來到印度超賣座電影《三個傻瓜》最後一幕、藍丘與佩雅兩人在絕美的湖畔相遇，她是荒原上最美的天鵝湖「班公措」，水色碧綠，鏡湖天藍，灰鴨、斑頭雁、黑頸鶴徜徉其中，雙飛的白鳥濃情蜜意相依悠

古格王國遺址，歲月也帶不走它曾經輝煌榮耀的非凡王城氣宇。

遊，風兒撫過臉龐，揚起了我的髮；岸上的經幡在飛舞，像是一種寧靜、淡然、幸福的心動。

翻越神聖的岡底斯山，終於來到世界屋脊中的屋脊——神祕國度阿里大北線，這裡以前是無人敢闖入的生命禁區——可可西里無人區，是冒險家的樂園、神奇的香巴拉樂土，有著一望無際的荒原、星羅棋布的湖泊，呈現一種蒼涼寂靜之美。行駛在天際之中，抬頭可以親吻藍天，伸手就能捧到白雲，跟著夸父追日，享受這種在路上的感覺，什麼都不想，沉浸在簡單、純粹的時光裡。

高原旅行需要有「鷹眼」帶路

「姊！妳看那邊有一群藏羚羊。」

「在哪裡？」我四處張望就是不見羊蹤，以爲開車的師傅普布在跟我鬧著玩。「你很壞！

在如第三世界奇異星球般的扎達土林下，跳著幾乎消失的古代宮廷玄舞，吟唱著古調，躬逢其盛。

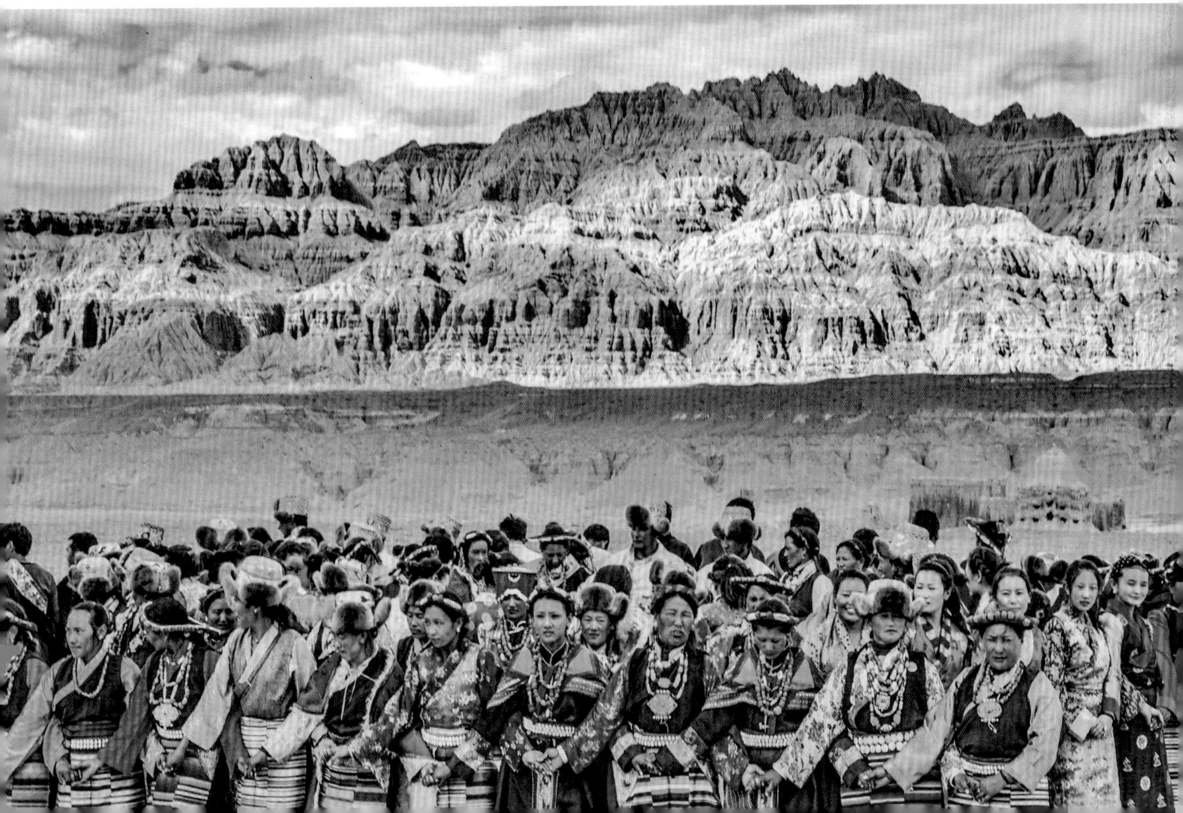

騙我……」

「沒騙妳，」普布邊說邊指著湖邊方向，「妳拿相機看看，有八隻。」

我把鏡頭拉近一看，哇！眞的是藏羚羊，牠們與我四目相交，彼此深情對望。我心想，普布跟藏羚羊同是藏族，才能遠遠就看見彼此；而我眞是有心無眼，得倚靠手裡的現代科技「長鏡頭」才能看見。

吉普車在廣袤的草原沙漠裡極速飛馳，一眼望去到處生機勃勃，只是車速飛快，動物又生性機警，早在百里外就知道電驢野馬來了。

尤其因爲藏羚羊的羊絨質量好，擁有「羊絨之王」的稱號，人們將其製成披肩和圍巾，由於質感輕柔能滑過一枚戒指，也被稱作「指環披肩」。而這「軟黃金」價格不菲，早已成爲貴婦、名媛炫富的物件之一。

擁千年歷史的阿里孔雀飛天服飾非常珍貴，僅有七套。鑲嵌了珍貴的珠寶，節慶時才能穿戴。

（左）英俊的公藏羚羊被女粉絲們幸福包圍著。
（右）一直被誤認為藏羚羊的藏原羚，屁股有個可愛大心。

所以，也導致早期非法獵捕藏羚羊的情況相當嚴重，數量急遽減少至剩約兩萬隻。目前已被列爲國家一級保護動物，在積極護育下增加到二十萬隻。牠們與人類保持一定的距離，很難一眼看見，除非像我的藏族師傅普布具備鷹眼般的敏銳視力才能瞧見。

有團員說：「不會啊，我一路上都有看見，拍到很多。」結果我看了照片都不是藏羚羊，很多人與坊間旅遊書作家都把心形白屁股的「藏原羚」誤認爲「藏羚羊」，牠們是國家二級保護動物，數量較多，隨處可見，而且長得很萌不太怕人，可以近距離跟你 Say Hi！

因此在高原上旅行眞的得有「鷹眼」帶路，而普布就是我的鷹，讓我忍不住對他深情唱著：「你是我的眼，帶我領略可可西里的夢幻，因爲你是我的眼，讓我看見這世界就在我眼前……」沒有他的鷹眼，我大概就是盲遊了。

鏡頭裡的藏羚羊都是母的，身形特別小，在湖邊漫步著。我好奇地四處遊移鏡頭，卻遍尋不著公的藏羚羊，

阿里藏北無人區是野生動物的天堂，無人打擾，來到這裡才真正感受到「心自由」。

於是問普布爲什麼都沒有公的？普布說：「牠們生完孩子後就去瀟灑了，一隻特帥等級的公藏羚羊，同時擁有三十個老婆都很正常。」他還說，母的藏羚羊也很挑老公，牠們只要最壯最帥的！牠們的交配季節大約一個月，因爲帥公羊太累、得好好休息，所以看到的都是雄雌易地分居的藏羚羊。

一生走一次阿里，是一種砥礪，更是一種勇氣

我們一路來到人煙罕至，藏北最美麗的文布村，紅白石牆的藏居層疊錯落，世外桃源般依山而立，處處是未經雕琢的美景，一個轉彎，遇見西藏苯教最大的聖湖「當惹雍措」，湖面形似金剛杵，與達爾果雪山被奉爲神的聖地，清澈空靈的湖泊洗滌著每個朝聖者的心。

十多輛吉普車隊在荒原上揚起滾滾沙浪，無比

鬼湖「拉昂措」，就像個美人妖嬈多姿煥彩，讓人被她迷醉得不捨離開。

三百年前一夜消失的「古格王國遺址」充滿著蒼涼壯闊的神祕，位於中亞絲路要道阿里地區。

春秋兩季，是前往阿里壯遊神山聖湖醉美的時刻，較少的水氣，更能得見神山聖湖示現，感受山湖之美。

壯觀！天地連成一線，完全看不到邊界，沒有指示牌，沒有車胎碾壓的軌跡可依循，因此經常有人開了三天三夜都開不出這片漠海。慶幸我的藏族師傅普布，天生就與這片大地的血脈生息連成一氣，是天生的高原千里馬。

曠野上不時有孩子出現向你揮手打招呼，普布把車停下來，我拿了餅乾跟一點錢給孩子，沒想到他說：「姊姊我不要，」並指著自己的鞋要我看，只見球鞋都成露天涼鞋開口笑了，「妳有鞋或衣服可以給我嗎？」一次大環線就要十八天，而行李限重二十公斤，實在很難有空間再帶物資進來分送。不料普布到後車

廂拿了一個行李箱打開來，裡面滿滿的舊衣物，他說是拉內地客人他們寄上來的，這裡與拉薩或西藏景區孩子不同，真的非常窮困，有錢都買不到物資。

置身在天寒地凍的天候環境，他們窮得沒有一雙完整的鞋子，得光著腳在碎石上行走。看著孩子們開心揮手道別，心頭湧現滿滿的心疼與不捨。回到車上的普布說：「藏族有個傳說——命運是圓的，孩子會給你意想不到的幸福。」生活在阿里大北線沒那麼容易，我想這就是佛家所說的種善得善，人人都該植福田，大方攤開你的雙手廣結善緣，多多幫助別人，也能餘蔭自己；雙手贈人鮮花，手也留有餘芳。

車隊繼續在荒漠中前行進入鹽湖腹地，當看見美輪美奐的「扎布耶鹽湖」，夢幻般的紫色湖水，隨著陽光照射還會不停地變換色彩，美得讓人瞬間都融化了，尤其鏡面般的湖水倒映著藍天

紫色的「扎布耶鹽湖」美得如夢似幻，將高原點綴成紫色的浪漫。

白雲，宛若天空之湖，讓人迷醉不捨離去。面對千里茫茫的雪山，人變得越來越渺小，心靈卻變得越來越寬廣。

「離塵越遠，越有如歸的心。」彷彿有道光吸引著我，路的盡頭才是我的家，我知道我要的幸福，就在那片更高的天空。人人都說這裡高寒極苦，不過當你真正深入其中，心中只有虔誠和敬畏，你才能發現天地自然萬物是多麼的和諧、共生共存，並且無人打擾。

站在這片神奇奧祕的大地上遠遠望去，陶醉在這神話般與世隔絕的極地天堂之中。人，一生走一次阿里，這是一種砥礪，更是一種勇氣。西藏往西，天上阿里，一路風起雲湧，也是成就一生最不平凡的心旅程！

希夏邦馬峰，西藏以西一路逃不出大山的懷抱，一路被神山緊緊相擁，您將會莫名感動震撼一生。

高山症——心解藥篇

在西藏要學會用「心」呼吸。在西藏呼吸一次，回憶一輩子！

到西藏，用身體交換靈魂；
用靈魂，才能在西藏呼吸！

「高山症」，彷彿是所有人通往夢中天堂，最大的恐懼與心障礙，又該如何降低與避免呢？

就學理層面來說，高山症是因海拔上升、含氧量降低，身體尚未適應所引起的反應。人的身體就像一個小宇宙，當小宇宙跟世界的大宇宙相結合時，它需要一點時間，才能去記憶適應。

而在這結合的過程中安全與否，是讓自己一路陷落置身荊棘危途，還是安枕喜遊仙域，當然您就需要升起智慧，懂得選擇視客如親、充滿愛與經驗豐富的專業團隊，爲您領航，自然能爲您趨吉避害，免受冤枉陷落險途，而讓這結合過程更加輕鬆美好，才能暢遊雪域、感受仙境之美。跟著蜂兒才能採到蜜，幸福並非靠運氣，而是來自於正確選擇；成功的人，是因爲這一生做出的正確選擇比別人更多，才能獲得成功，注定幸福圓夢，人生發光。

其實每個人都有面對高山症的能力，與天生自備的「解藥」！

現代人總是不停在面對自己的「心壓力」所製造出來的那座「隱形高山」，所以心病還需心藥醫，藥品只是物理治療、安慰劑，幫您暫時減緩疼痛；高山症最好的解藥，並不是依賴大量成藥，而是需要旅者自身修心。

無需再問，我可以去西藏嗎？

人生路上或許滿佈荊棘，但要永遠保持一顆炙熱的心，夢想是留給有勇氣的人！

人生，又何嘗不是一趟高山旅行？每天都在面對不同的隘口，時而爲奔向生命高點而努力，時而面對種種排山倒海、看不見卻密實強大的壓力，就像巨浪襲來一般，幾乎要被吞噬掉……相信大家或多或少都曾經歷那樣的歷程，彷彿眼睛看不見一線亮光、肺部吸不到一絲空氣、腦壓增強到瞬間頭痛欲裂，只求吞下仙丹妙藥，只盼祈求片刻解脫也好。

身處高原西藏，如同人生的縮影具體化現。無論身處平地、高原，我們都無時無刻在享受著風光明媚，也時時刻刻得面對生命挑戰或無常所帶來的壓力，所以如何把心調整好，學會讓自己的心放下、讓心安靜，是很重要的課題。正所謂「不再執取有無，反而驚喜連連」，如能通透這個道理，未來不論是面對無形的人生課題，或是有形的高原大山，您將能如履平地般地自在應對進退。

青藏高原並不遙遠，只是轉念間的距離；塵世間的萬紫千紅在這裡只顯得虛無，勇敢帶自己走出身處安逸、心卻空寂的生活，莫忘初衷，讓生命精彩，人生不只一頁，還有夢想與遠方，聽心而行，走入大山，飛放自由，您將有機會再次尋回生命的初始與本眞的自己，體驗生命中未曾有過的感動與心力量。

最後，祝福所有朋友們：都能勇敢逐夢，讓夢想幸福起飛，讓人生驚鴻絢爛！

西藏印象 *Tibet Impression*

多數人在進入高原後，或多或少都會出現不適，這是正常現象，身體會自我調壓，期間保持心情輕鬆愉快很重要。所謂「心理影響生理」，最怕的就是緊張，頭有點疼都是正常現象，千萬不能一點痛就緊張慌亂，一旦心亂則神散，神散則氣乏，情緒緊張會讓腦壓升高，造成嚴重高原反應。所以，在西藏要學會用「心行走」，用「心呼吸」，保持四大皆空，感受心慢則快，唯心無所限，心無罣礙，才能遠離恐怖。若能通透其理，無論身處高原，或處世奚，皆可心轉念轉、無所不能；若能心領神會、理解、通透、做到，便能感受與大美西藏天人合一的「心境界」。

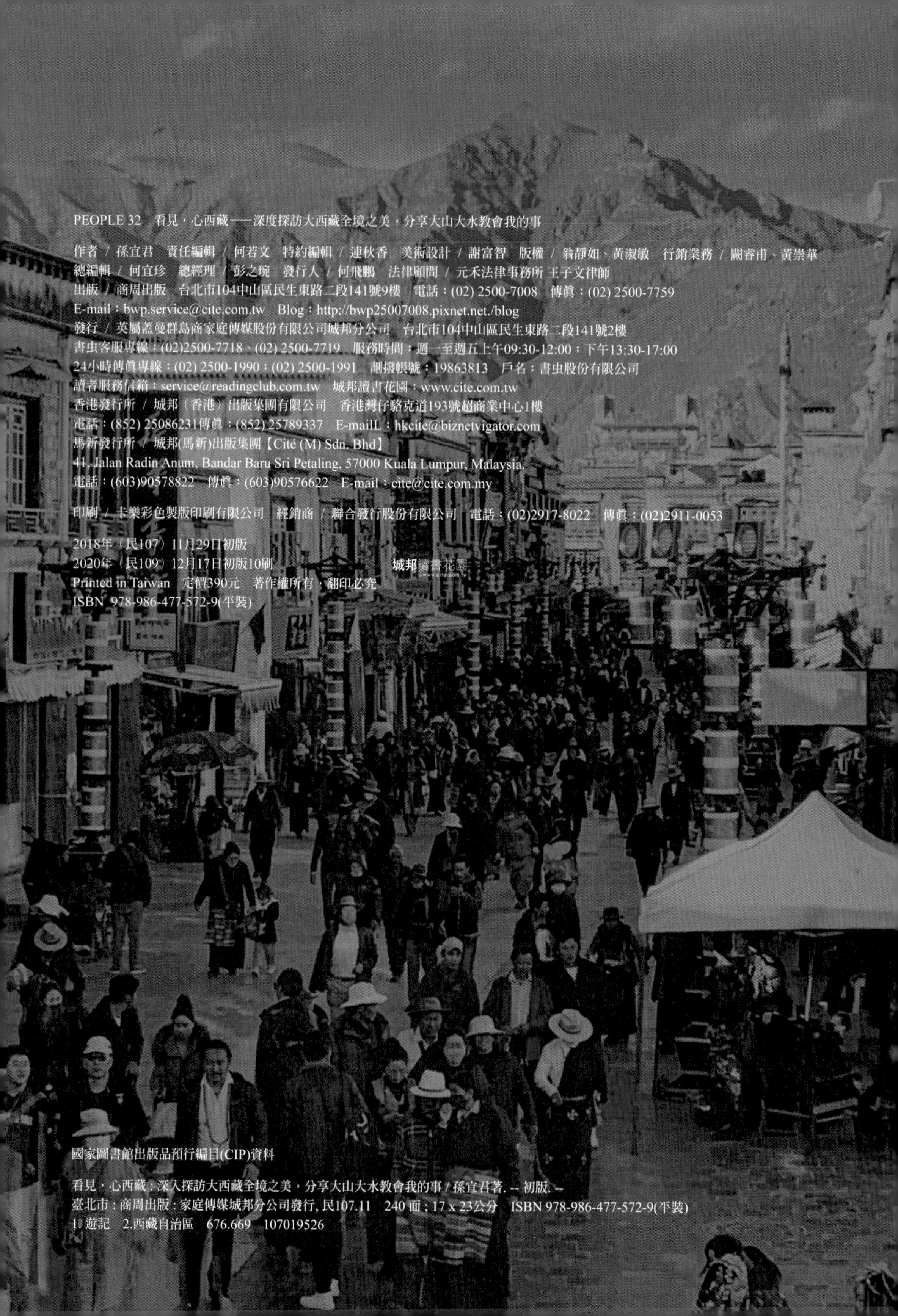

PEOPLE 32　看見，心西藏——深度探訪大西藏全境之美，分享大山大水教會我的事

作者 / 孫宜君　責任編輯 / 何若文　特約編輯 / 連秋香　美術設計 / 謝富智　版權 / 翁靜如、黃淑敏　行銷業務 / 闕睿甫、黃崇華
總編輯 / 何宜珍　總經理 / 彭之琬　發行人 / 何飛鵬　法律顧問 / 元禾法律事務所 王子文律師
出版 / 商周出版　台北市104中山區民生東路二段141號9樓　電話：(02) 2500-7008　傳眞：(02) 2500-7759
E-mail：bwp.service@cite.com.tw　Blog：http://bwp25007008.pixnet.net./blog
發行 / 英屬蓋曼群島商家庭傳媒股份有限公司城邦分公司　台北市104中山區民生東路二段141號2樓
書虫客服專線：(02)2500-7718、(02) 2500-7719　服務時間：週一至週五上午09:30-12:00；下午13:30-17:00
24小時傳眞專線：(02) 2500-1990；(02) 2500-1991　劃撥帳號：19863813　戶名：書虫股份有限公司
讀者服務信箱：service@readingclub.com.tw　城邦讀書花園：www.cite.com.tw
香港發行所 / 城邦（香港）出版集團有限公司　香港灣仔駱克道193號超商業中心1樓
電話：(852) 25086231傳眞：(852) 25789337　E-mailL：hkcite@biznetvigator.com
馬新發行所 / 城邦(馬新)出版集團【Cité (M) Sdn. Bhd】
41, Jalan Radin Anum, Bandar Baru Sri Petaling, 57000 Kuala Lumpur, Malaysia.
電話：(603)90578822　傳眞：(603)90576622　E-mail：cite@cite.com.my

印刷 / 卡樂彩色製版印刷有限公司　經銷商 / 聯合發行股份有限公司　電話：(02)2917-8022　傳眞：(02)2911-0053

2018年（民107）11月29日初版
2020年（民109）12月17日初版10刷

城邦讀書花園
www.cite.com.tw

Printed in Taiwan　定價390元　著作權所有，翻印必究
ISBN 978-986-477-572-9(平裝)

國家圖書館出版品預行編目(CIP)資料

看見，心西藏：深入探訪大西藏全境之美，分享大山大水教會我的事 / 孫宜君著. -- 初版. --
臺北市：商周出版：家庭傳媒城邦分公司發行, 民107.11　240面；17 x 23公分　ISBN 978-986-477-572-9(平裝)
1. 遊記　2.西藏自治區　676.669　107019526